四川广播电视台金熊猫教育美育成果；
四川省社会科学重点研究基地美学与美育研究中心成果；
四川师范大学影视与传媒学院播音与主持艺术国家级一流本科专业建设点成果。

“美育系列丛书·语言之美”编委会

（按姓氏拼音排序）

美育系列丛书·语言之美

青少年语言艺术教程／基础篇

主　编　王　博

副主编　王纯雪
　　　　潘　涛

图书在版编目（CIP）数据

青少年语言艺术教程．基础篇 / 王博主编．-- 成都 :
四川大学出版社，2025．3．--（美育系列丛书）．
ISBN 978-7-5690-7656-1

Ⅰ．H019

中国国家版本馆 CIP 数据核字第 20251UT968 号

书　　名：青少年语言艺术教程·基础篇
　　　　　Qingshaonian Yuyan Yishu Jiaocheng·Jichupian
主　　编：王　博
丛 书 名：美育系列丛书·语言之美

选题策划：侯宏虹　唐　飞　宋彦博
责任编辑：吴连英
责任校对：庞　韬
装帧设计：墨创文化
责任印制：李金兰

出版发行：四川大学出版社有限责任公司
　　　　　地址：成都市一环路南一段 24 号（610065）
　　　　　电话：（028）85408311（发行部）、85400276（总编室）
　　　　　电子邮箱：scupress@vip.163.com
　　　　　网址：https://press.scu.edu.cn
印前制作：四川胜翔数码印务设计有限公司
印刷装订：四川五洲彩印有限责任公司

成品尺寸：185mm×260mm
印　　张：14.25
字　　数：152 千字

版　　次：2025 年 5 月 第 1 版
印　　次：2025 年 5 月 第 1 次印刷
定　　价：68.00 元

扫码获取数字资源

四川大学出版社
微信公众号

前 言

《礼记·少仪》有云："言语之美，穆穆皇皇。"自人类文明发轫之初，语言便蕴含着美育的因子，它既是思维的依托，也是文化传承的关键纽带，在雕琢人类情感体验、涵养审美意蕴等方面具有举足轻重的作用。在数智技术赋能的当下，自然科学与人文科学渐趋体系化，而作为"感性学"的语言表达，其文化与艺术价值依旧呈现出强劲的综合特性。在此情境下，打破学科壁垒，回归美学本真，重启美育征程，已然成为我们所面临的重大时代课题。

2018年9月，习近平总书记在全国教育大会上强调："培养德智体美劳全面发展的社会主义建设者和接班人。"自此，美育的重要意义愈发彰显，其作用无可替代。2023年12月，教育部印发的《教育部关于全面实施学校美育浸润行动的通知》明确提出，要大力发展素质教育，以社会主义核心价值观为引领，弘扬中华美育精神，坚定文化自信，以浸润作为美育工作的目标和路径，将美育融入教育教学活动各环节，实现提升审美素养、陶冶情操、温润心灵、激发创新创造活力的功能。"美育群材，其犹人之于艺乎？"在当代社会这一独特的"美学时间"进程里，如何为青少年开启崭新的审美体验之门，助力其进行审美创造，成为教育工作者面临的重要课题。

《青少年语言艺术教程》以"大美育，全浸润"为指导思想，以美育与语言艺术之间的关联性、同构性为逻辑起点，探讨青少年语言艺术表达的规律性认知，通过逻辑思维、情感共鸣、理性反思，激发学生的创造力、想象力和审美感知力，实现青少年语言艺术表达的"三重审美"，即"感悟美、展示美、创造美"。感悟美，即生活源于自然，要具备观察“美”的能力，通过外在形式感知身边美的存在；展示美，即美的生成过程是由感官参与扩展到情感表达，要能通过多元的艺术手段展现语言艺术的美感；创造美，是人类独特的天赋和追求，要以语言为载体，实现审美观念和审美理想的提升，完成美的创造。三个维度的“美”在艺术与生活的互动中形成，旨在培养青少年的感知与想象，以美立人，以文化人，致力于尽善尽美人格的养成。

《青少年语言艺术教程》坚持“三个基准”的编写理念，即文化底色、艺术本色、融合特色。首先，突出教材的文化底蕴与价值，内容选择上，注重经典文学作品的导向作用，实现优秀文学作品的视听化呈现，推动中华优秀传统文化的创造性转化；其次，彰显语言表达的艺术性，塑造“声音美、表达美、意境美”，提升学生有声语言艺术创作能力；最后，践行融合教学，以“语言+”为载体，实现语言与科普、语言与其他艺术形式的融合，形成多维度、宽领域、综合性的教学体系，拓展学生的语言艺术体验。

《青少年语言艺术教程》立足美育浸润行动，构建“沉浸式”的语言艺术课堂。系列教程共四册，包括基础篇、初级篇、中级篇、高级篇，根据不同阶段学生的语言表达结构与认知特性，设置不同的理论知识与实践内容。四册教程既单独成册，又相互联系，旨在构建一套从幼儿阶段到初高中阶段全链条式的语言艺术学习专业教程。

“基础篇”注重学生的思维敏捷性、观察敏锐度和动手实践能力，致力于激发学生的表达欲望，为未来语言艺术创作奠定基础；“初级篇”践行“语言+”，以小学阶段语言文字能力提升为基础，实现文化素养与艺术表达的同向同行；“中级篇”坚持“大语文”理念，旨在夯实学生的阅读能力、语言表达能力、口语交际能力，促进综合素质水平的提高；“高级篇”结合口语交际原则，对标播音主持初升高专业测评、播音主持“新艺考”，为备战语言类竞赛以及播音主持专业考试提供指导。此外，前两册教程的每单元设置了“美育小课堂”，通过“理论+实践”的方式，提升学生语言艺术鉴赏能力，帮助其感受语言艺术的内在之美。

本系列教程由四川广播电视台与四川师范大学联合发起编写，充分发挥“业界+学界”的资源优势，致力于青少年语言艺术之美的推动与发展。四川师范大学的美育具有深厚的历史底蕴，2004年成立了美育学校，以培养和提高学生“崇尚美、欣赏美、创造美”的美育能力为出发点；拥有四川省社会科学重点研究基地美学与美育研究中心，该基地积极服务地方社会文化建设，弘扬中华传统美德和发展地域文化、民族文化；四川师范大学播音与主持艺术专业立足教师教育办学特色，形成青少年语言艺术教育特色研究方向，专注青少年语言的教育教学研究。四川广播电视台作为一流新型主流媒体集团和先进文化科技互联网企业，拥有四川观察、四川卫视等媒体旗舰和“大屏、小屏、音频、户外屏”等全媒体矩阵平台；始终锚定“广电+教育”战略，聚力打造“金熊猫教育”这一核心品牌，推出《国宝与少年》《“芯”火少年》《长江少年》《宝贝请就位》《童话时光》《童声童议》《少年超能说》《谁“语”争锋》等系列原创内容，开展“金熊猫美育品牌月”“金熊猫青少艺术季”“金熊猫青少毕业季”“金熊猫青少艺术春晚”“青少年‘金话筒’电视主持大赛”等系列赛事活动，构建起“金熊猫校园聚合创新平台”和“金熊猫美育生态联盟”，推动美育浸润社会，助力美育事业发展。

在本系列教程的撰写前期，我们在业界和学界专家中进行了广泛调研，吸收他们在教学和实践过程中的宝贵经验，以期提升本系列教程的科学性、实用性、普适性、艺术性。本系列教程的出版凝结了青年教师与艺术从业者对美育与语言艺术教学的思考，愿这样的努力，能够得到读者的关注、认可与指教。

美对人格养成和人格理想的塑造有不可或缺的作用，中华文化中，有“以文化人”“以礼教人”的温良之美，也有“格物致知”“天人合一”的澄怀味象之美，还有“美美与共，天下大同”这样与时俱进、融合和谐、胸怀天下之美……以美为中介，美育源源不断给予青少年稳定的内生力量和蓬勃的外部张力。我们相信，研读本系列教程，不仅能提升青少年的语言表达能力，还能提升他们的艺术修养与审美鉴赏力，培养他们成为具备深厚文化根基、高尚审美情操与卓越创新能力的新时代青年。望各界同仁共同努力，坚守民族文化根脉，立足时代发展，弘扬中华美育精神，反映新时代风貌，传播中国声音，实现美育传统与现代的相融相通。

王 博

2025年3月

目 录
Contents

第四单元　科学美

第五单元　行为美

第六单元　体育美

后　记

第一单元　艺术美

亲爱的小朋友们，你们好，我是金熊猫！

艺术是人类创造和表达现实社会生活的一种方式，也是人类文明的重要组成部分。它不仅记录了历史和文化，更深刻地反映出人类的情感、思想和体验。

本单元我将带领你们去探索艺术美的世界，一同感悟艺术带给我们的享受。在这一单元的学习中，我们会通过不同的艺术形式了解什么是艺术美，如唱歌、跳舞、朗诵、乐器演奏、雕刻、戏剧、文学等。此外，艺术美的形式丰富多样，它不仅体现在直观的视觉上，还体现在听觉、触觉甚至嗅觉上。艺术美源于人类的现实生活，是人类对现实生活的深切感受。

在本单元的实践学习中，希望小朋友们能发挥自己的想象力。无论是用画笔描绘、声音演绎，还是在舞台上展示自己，都要相信我们每个人的创作潜力是独一无二的。希望你们可以通过观察和倾听，用心去感受和理解艺术美。

亲爱的小朋友们，准备好和金熊猫一起开启这段充满色彩的艺术旅程了吗？请你们勇敢地表达出自己的想法和创意吧！

第一课　色彩的变化

课前阅读

你知道色彩可以传达情感吗？艺术家们通常运用色彩来表达情感和创作想法，进而表达自己的情绪。不同的颜色可以表达不同的情感。例如，传递快乐的色彩通常是鲜亮而温暖的，给人以正能量；传递激动的色彩具有高饱和度，如红色、橙色、黄色等；传递痛苦的色彩往往是暗沉的，常用冷色调，如蓝色、绿色等；传递平静的色彩则是灰色的，既不压抑也不过于鲜亮。

hóng huā hé huáng huā
红花和黄花

huá huá yǒu liǎng duǒ huáng huā
华华有两朵黄花，

hóng hóng yǒu liǎng duǒ hóng huā
红红有两朵红花。

huá huá yào hóng huā
华华要红花，

hóng hóng yào huáng huā
红红要黄花。

huá huá sòng gěi hóng hóng yì duǒ huáng huā
华华送给红红一朵黄花，

hóng hóng sòng gěi huá huá yì duǒ hóng huā
红红送给华华一朵红花。

实践训练

yī kàn yi kàn
一、看一看

guān chá xià liè tú piàn zhōng shuǐ guǒ de yán sè nǐ néng lián xiǎng dào shén me cháng shì yòng gèng duō de yán sè biǎo dá wǒ men shēng huó zài yí gè wǔ cǎi bīn fēn de shì jiè
观察下列图片中水果的颜色，你能联想到什么？尝试用更多的颜色表达“我们生活在一个五彩缤纷的世界”。

èr dú yi dú
二、读一读

huì shēng huì sè de lǎng dú xià miàn de zì cí, bìng jiāng zhè xiē zì cí hòu miàn de nèi róng bǔ chōng wán zhěng
1. 绘声绘色地朗读下面的字词，并将这些字词后面的内容补充完整。

jīn càn càn de
金灿灿的 __________

lǜ yóu yóu de
绿油油的 __________

hóng tóng tóng de
红彤彤的 __________

bái máng máng de
白茫茫的 __________

hēi qī qī de
黑漆漆的 __________

huī méng méng de
灰蒙蒙的 __________

qīng xī zhǔn què de lǎng dú xià liè cí yǔ, shuō shuo tā men yǒu shén me gòng tóng diǎn? xuǎn zé yí gè shú xi de cí yǔ zào jù
2. 清晰准确地朗读下列词语，说说它们有什么共同点？选择一个熟悉的词语造句。

wǔ yán liù sè 五颜六色	huā hóng liǔ lǜ 花红柳绿	qīng chū yú lán 青出于蓝
wàn zǐ qiān hóng 万紫千红	huā tuán jǐn cù 花团锦簇	wǔ guāng shí sè 五光十色
yuè hēi fēng gāo 月黑风高	chì rì yán yán 赤日炎炎	qīng huáng bù jiē 青黄不接
nóng mò zhòng cǎi 浓墨重彩	chà zǐ yān hóng 姹紫嫣红	wǔ cǎi bān lán 五彩斑斓

sān bèi yi bèi
三、背一背

yǒu gǎn qíng de lǎng dú xià miàn de shī cí, bìng bèi sòng
有感情地朗读下面的诗词，并背诵。

xiǎo chū jìng cí sì sòng lín zǐ fāng
晓出净慈寺送林子方

sòng yáng wàn lǐ
宋 · 杨万里

bì jìng xī hú liù yuè zhōng, fēng guāng bù yǔ sì shí tóng
毕竟西湖六月中，风光不与四时同。

jiē tiān lián yè wú qióng bì, yìng rì hé huā bié yàng hóng
接天莲叶无穷碧，映日荷花别样红。

四、说一说

这是金熊猫和你见面的第一天，请简单介绍一下自己。

自我介绍的目的是让大家“认识你”和“记住你”。所以，小朋友们可以想想自己与众不同的特点。例如，“我可以直接吃柠檬”“我获得过学校书法比赛一等奖”等。首先，可以介绍一下你的名字、年龄以及所在的幼儿园；其次，介绍你的兴趣和特长；再次，介绍一个你与众不同的特点；最后，可以和大家一起分享一下你未来想从事的工作。

拓展阅读

为什么交通信号灯是“红、绿、黄”三种颜色呢？

红绿灯是生活中常见的交通信号灯，它是由红、绿、黄三种颜色的灯光组成的。可你知道为什么偏偏是这三种颜色来组成交通信号灯吗？

在可见光谱中，红色光的波长最长且穿透力强，即使在大雾或雨雪天气也能清晰地被人注意到。此外，红色在心理学上常被用来传达危险、停止或警示的信号，因此非常适合作为交通信号灯中表示停止的颜色。绿色光的波长相对较短，属于冷色调，与红色光形成鲜明对比。在交通信号灯中，绿色光通常传达通行或前进的信号，给人以安全、畅通的感觉。黄色光介于红色光和绿色光之间，波长适中，既容易被注意到，又能与红、绿形成对比。在交通信号灯中，黄色光通常传达出警告或准备的信号。例如，黄灯闪烁时即提醒驾驶员减速或准备停车。

因此，交通信号灯采用红、绿、黄三种颜色是经过长期实践和科学验证的，最大限度地提高了交通的安全性。

学习评价

学习目标	学习评价
语音基础	☆☆☆☆☆
语言表达	☆☆☆☆☆
思维逻辑	☆☆☆☆☆
综合展示	☆☆☆☆☆

第二课　生活里的艺术

课前阅读

东方美学体现了东方人对生活、艺术和精神境界的独特追求。凭借其独特的魅力和深厚的内涵，东方美学在世界美学领域中占据着重要地位，展现出与西方美学截然不同的风格及特质。它不仅是一种艺术形式，更是一种生活态度和哲学思考方式。例如，中国古典诗词所蕴含的“意境之美”，中国传统音乐所展现的“和谐之美”，中国传统绘画所传达的“含蓄之美”，中国书法所流露的“灵动之美”以及中国戏曲所承载的“文化之美”。

基础训练

ní sù gē
泥塑歌

ní ba niē chū xiǎo wán ǒu， xíng tài gè yì zhēn shēng dòng。
泥巴捏出小玩偶，形态各异真生动。

shàng cǎi miáo jīn xì diǎn zhuì， ní sù yì shù chuán shì jiān。
上彩描金细点缀，泥塑艺术传世间。

实践训练

一、想一想

yī xiǎng yi xiǎng

xià miàn de tú piàn zhǎn xiàn chū nǎ xiē yì shù xíng shì? qǐng nǐ xiáng xì jiè shào yí xià。

下面的图片展现出哪些艺术形式？请你详细介绍一下。

二、读一读

èr dú yi dú

yǒu gǎn qíng de lǎng dú xià miàn de shī gē。

有感情地朗读下面的诗歌。

yì shù de shì jiè

艺术的世界

wǔ cǎi bān lán zhēn měi hǎo,

五彩斑斓真美好，

huà bǐ wǔ dòng xīn zhōng xiào
画笔舞动心中笑。
zhè biān kàn　nà biān qiáo
这边看，那边瞧，
yì shù shì jiè zhēn qí miào
艺术世界真奇妙！

yīn yuè shēng shēng rú xì yǔ
音乐声声如细雨，
yuè qì hé zòu bǎ mèng jù
乐器合奏把梦聚。
yīn fú tiào yuè fēi xīn lǐ
音符跳跃飞心里，
yì shù dài wǒ qù yuǎn xíng
艺术带我去远行！

shū fǎ zì lǐ yǒu fēng yùn
书法字里有风韵，
yì piě yí nà jiàn líng hún
一撇一捺见灵魂。
xì xì pǐn wèi měi gè zì
细细品味每个字，
shū zhōng zì lǐ yǒu zhēn qíng
书中字里有真情。

wǔ zī shēn yǐng měi rú huà
舞姿身影美如画，
xuán zhuǎn tiào yuè rén rén kuā
旋转跳跃人人夸。
měi gè dòng zuò zài shuō huà
每个动作在说话，
wǒ men yì qǐ zàn měi tā
我们一起赞美它！

sān shuō yi shuō
三、说一说

zài huì huà wǔ dǎo yīn yuè zhōng nǐ zuì xǐ huan nǎ yì zhǒng yì shù wèi shén me jiǎn dān shuō shuo nǐ de xiǎng fǎ

在绘画、舞蹈、音乐中，你最喜欢哪一种艺术，为什么？简单说说你的想法。

艺术的分类

艺术可以分为造型艺术、表演艺术、综合艺术、语言艺术四大类。

造型艺术包括绘画、雕塑、建筑、工艺美术、剪纸、书法、摄影等。

表演艺术包括舞蹈、音乐、曲艺、杂技、魔术等。

综合艺术包括电影、电视剧、戏剧、戏曲等。

语言艺术包括诗歌、散文、小说等。

学习评价

学习目标	学习评价
语音基础	☆☆☆☆☆
语言表达	☆☆☆☆☆
思维逻辑	☆☆☆☆☆
综合展示	☆☆☆☆☆

第三课　童话故事

课前阅读

童话故事是儿童文学的重要体裁。童话中丰富的想象和夸张的表达可以活跃我们的思维，生动形象的故事可以帮助我们成为一个通达事理、明辨是非的人。童话故事不仅通过“好与坏”“真与假”“善与恶”的对比揭示人性本质，更能引导读者形成健全的道德认知与价值判断能力。

基础训练

bái miào hé bái māo

白庙和白猫

bái miào wài dūn yì zhī bái māo, bái miào li yǒu yì dǐng bái mào.

白庙外蹲一只白猫，白庙里有一顶白帽。

bái miào wài de bái māo kàn jiàn le bái mào,

白庙外的白猫看见了白帽，

diāo zhe bái miào li de bái mào pǎo chū le bái miào.

叼着白庙里的白帽跑出了白庙。

实践训练

yī　jiǎng yi jiǎng
一、讲一讲

guān chá tú piàn　qǐng lǎo shī jiǎn dān jiǎng shù yí xià tú piàn duì yìng
观察图片，请老师简单讲述一下图片对应
de tóng huà gù shi　rán hòu zài ràng tóng xué men fù shù yí biàn
的童话故事，然后再让同学们复述一遍。

èr　dú yi dú
二、读一读

yǒu gǎn qíng de lǎng dú gù shi　bìng yòng zì jǐ de huà gài kuò gù
有感情地朗读故事，并用自己的话概括故

事大意。

勇闯梦幻森林：小英雄的冒险之旅

（一）

从前，有一个美丽的梦幻王国，这里住着一个聪明勇敢的小女孩，名叫莉莉。莉莉非常喜欢探险，常常在森林中寻找神奇的事物。

有一天，莉莉在森林深处发现了一条闪闪发光的小河。她忍不住走过去，想看看河水里有什么。忽然，一条美丽的金鱼跳了出来，口中吐出几个泡泡，泡泡里出现了一个微笑着的仙女。

“谢谢你救了我，我是这条河的守护仙女。”仙女说，她的声音如同悦耳的音乐，“作为回报，我会满足你一个愿望。”

莉莉眼睛一亮，心中想着自己一直想要做的事情：“我希望能拥有一个神奇的花园，里面有各种各样的花朵和小动物，让我的朋友们都能来玩。”

仙女微笑着挥了挥手，顿时，莉莉的愿望实现了！她回到家后，发现自己家的后院变成了一个梦幻般的花园，五颜六色的花朵盛开着，还有许多可爱的小动物在里面欢快地嬉戏。

三、演一演

根据下面的剧本，分角色演绎故事《谦虚》。注意区分不同形象的情绪状态和声音特点。

qiān xū
谦虚

shuǐ niú yé ye shì sēn lín li gōng rèn de qiān xū rén
水牛爷爷是森林里公认的谦虚人。

xiǎo bái tù kuā tā shuǐ niú yé ye de lì qi zuì dà le
小白兔夸他："水牛爷爷的力气最大了！"

shuǐ niú yé ye shuō guò jiǎng le xī niú yě niú lì qi dōu bǐ wǒ dà
水牛爷爷说："过奖了！犀牛、野牛力气都比我大！"

xiǎo shān yáng kuā tā shuǐ niú yé ye de gòng xiàn zuì duō le
小山羊夸他："水牛爷爷的贡献最多了！"

shuǐ niú yé ye shuō bù néng zhè yàng jiǎng nǎi niú chī de shì cǎo jǐ chū lái de shì nǎi tā de gòng xiàn bǐ wǒ duō
水牛爷爷说："不能这样讲。奶牛吃的是草，挤出来的是奶，她的贡献比我多！"

世界三大童话

世界三大童话，每一部都堪称经典，包括《安徒生童话》《格林童话》《一千零一夜》。由于内容、主题和在不同文化社会中的广泛传播，它们被认为是世界上影响力巨大的童话故事。三大童话作为儿童文学的一部分，在成人世界和流行文化中有着深远的影响。

学习评价

学习目标	学习评价
语音基础	☆☆☆☆☆
语言表达	☆☆☆☆☆
思维逻辑	☆☆☆☆☆
综合展示	☆☆☆☆☆

第四课 巡游非遗

课前阅读

非物质文化遗产，简称“非遗”。非物质文化遗产是指各族人民世代相传，并视为其文化遗产组成部分的各种传统文化表现形式，以及与传统文化表现形式相关的实物和场所，包括传统口头文学以及作为其载体的语言，传统美术、书法、音乐、舞蹈、戏剧、曲艺和杂技，传统技艺、医药和历法，传统礼仪、节庆等民俗，传统体育和游艺，其他非物质文化遗产，记录着人类历史长河中的文明和智慧。非物质文化遗产一般与文化遗产相对出现。文化遗产是有形的，是对文物的保存、修复和展示；而非物质文化遗产则主要通过传承人的口述或表演进行保护和传承。

huái shù huái
槐树槐

huái shù huái huái shù huái
槐树槐，槐树槐，
huái shù dǐ xia dā xì tái
槐树底下搭戏台。
rén jia de gū niang dōu lái le
人家的姑娘都来了，
wǒ jiā de gū niang hái bù lái
我家的姑娘还不来。
shuō zhe shuō zhe jiù lái le
说着说着就来了，
qí zhe lǘ dǎ zhe sǎn
骑着驴，打着伞，
wāi zhe nǎo dai shàng xì tái
歪着脑袋上戏台。

实践训练

yī cāi yi cāi
一、猜一猜

xià miàn de tú piàn zhǎn shì le nǎ xiē fēi yí yì shù nǐ hái zhī dào jiā xiāng de nǎ xiē fēi yí yì shù hé dà jiā yì qǐ fēn xiǎng yí xià ba

下面的图片展示了哪些“非遗”艺术？你还知道家乡的哪些“非遗”艺术？和大家一起分享一下吧。

èr dú yi dú
二、读一读

yǒu gǎn qíng de lǎng dú xià miàn de duàn luò
有感情地朗读下面的段落。

táng huà
糖画

fēi yí táng huà shì yì zhǒng yǐ táng wéi cái liào tōng guò róng
非遗糖画，是一种以糖为材料，通过溶
huà jiāo zhù lā zhuài děng fāng shì zhì zuò ér chéng de shǒu gōng yì pǐn
化、浇铸、拉拽等方式制作而成的手工艺品。
táng huà de tí cái fēng fù duō yàng yǒu dòng wù zhí wù rén wù
糖画的题材丰富多样，有动物、植物、人物、
shén huà chuán shuō děng měi yí jiàn zuò pǐn dōu yǒu zhe dú tè de yù yì hé
神话传说等，每一件作品都有着独特的寓意和
gù shi táng huà de zhì zuò guò chéng xū yào jīng xì de jì qiǎo hé nài xīn
故事。糖画的制作过程需要精细的技巧和耐心
de cāo zuò zhì zuò chū lái de táng huà bù jǐn wài xíng bī zhēn ér qiě
的操作。制作出来的糖画不仅外形逼真，而且
kǒu gǎn xiāng tián shēn shòu rén men de xǐ ài
口感香甜，深受人们的喜爱。

sān zài dú yi dú
三、再读一读

yǒu gǎn qíng de lǎng dú xià miàn de gù shi bìng yòng zì jǐ de huà
有感情地朗读下面的故事，并用自己的话
gài kuò gù shi dà yì
概括故事大意。

yǒng chuǎng mèng huàn sēn lín xiǎo yīng xióng de mào xiǎn zhī lǚ
勇闯梦幻森林：小英雄的冒险之旅

èr
（二）

lì lì yāo qǐng le suǒ yǒu de péng you lái huā yuán wán shuǎ dà jiā
莉莉邀请了所有的朋友来花园玩耍。大家
zài huā yuán li zhuī zhú dǎ nào kuài lè wú bǐ
在花园里追逐打闹，快乐无比。

rán ér yǒu yì tiān kě pà de wū shī dé zhī le zhè ge shén qí
然而有一天，可怕的巫师得知了这个神奇
de huā yuán xīn shēng jí dù jué dìng qù pò huài tā tā shī le yí
的花园，心生嫉妒，决定去破坏它。他施了一
gè xié è de zhòu yǔ jiāng huā yuán li de huā duǒ hé xiǎo dòng wù dōu biàn
个邪恶的咒语，将花园里的花朵和小动物都变
chéng le shí tou
成了石头。

lì lì shāng xīn bù yǐ jué dìng qù zhǎo xiān nǚ qiú zhù tā zài
莉莉伤心不已，决定去找仙女求助。她在
xiǎo hé biān hū hǎn qīn ài de xiān nǚ qǐng nǐ bāng bang wǒ wǒ
小河边呼喊：“亲爱的仙女，请你帮帮我，我
de huā yuán bèi wū shī huǐ lo
的花园被巫师毁了！”

zhè shí xiān nǚ chū xiàn le kàn dào lì lì bēi shāng de yàng zi
这时仙女出现了，看到莉莉悲伤的样子，
biàn shuō yǒng gǎn de lì lì zhǐ yǒu nǐ zì jǐ cái néng jiě chú zhè
便说：“勇敢的莉莉，只有你自己才能解除这
ge zhòu yǔ nǐ xū yào zhǎo dào wū shī yǒng gǎn de miàn duì tā zài
个咒语。你需要找到巫师，勇敢地面对他，再

用你心中的爱去打败他。”

莉莉决定不放弃。她收拾好行李，踏上了寻找巫师的征程。在征途中，她遇到了很多困难，但坚定的信念让她不断前进。终于，莉莉找到了巫师的城堡。她勇敢地走进去，直面巫师，坚定地说：“你为什么要破坏别人的快乐？花园和小动物是我生活的全部，它们让我幸福温暖。在这个世界上，只有爱才能打败一切！”巫师被莉莉的勇气和真诚打动，随之解除了破坏花园的咒语。金色的花朵再次绽放，快乐的小动物们恢复了活力。莉莉带着巫师回到了花园，并邀请他一起玩耍。巫师感受到了友爱，慢慢成为花园的新朋友。从此以后，莉莉和她的朋友们在这个充满爱的花园中快乐地生活着。

四、记一记

学习下面的“非遗”艺术儿歌，比一比，看看“非遗”艺术谁记得多！

bā shǔ yì shù
巴蜀艺术

shǔ cí měi，bái rú yù，
蜀瓷美，白如玉，
táng kǎ huà，sè cǎi xiān。
唐卡画，色彩鲜。
là rǎn bù，huā yàng xīn，
蜡染布，花样新，
cǎo lóng wǔ，fēi shàng tiān。
草龙舞，飞上天。
shǔ jǐn róu，huā rú huà，
蜀锦柔，花如画，
yín huā sī，liàng shǎn shǎn。
银花丝，亮闪闪。
pí yǐng xì，gù shi duō，
皮影戏，故事多，
shǔ xiù zhēn，xiù měi piān。
蜀绣针，绣美篇。
qiāng yín shì，dài shēn shang，
羌银饰，戴身上，
yì shù bǎo，zhēn huān chàng。
艺术宝，真欢畅。
xiǎo péng yǒu，yì qǐ lái，
小朋友，一起来，
bā shǔ yì shù rén rén chàng！
巴蜀艺术人人唱！

我国的非遗

根据联合国教科文组织通过的《保护非物质文化遗产公约》中的定义，“非物质文化遗产”指被各社区、群

体，有时是个人，视为其文化遗产组成部分的各种社会实践、观念表述、表现形式、知识、技能以及相关的工具、实物、手工艺品和文化场所。

2024年12月4日，我国申报的“春节——中国人庆祝传统新年的社会实践”在巴拉圭亚松森举行的联合国教科文组织保护非物质文化遗产政府间委员会第19届常会上通过评审，列入联合国教科文组织人类非物质文化遗产代表作名录。

截至2024年12月，中国列入联合国教科文组织非物质文化遗产名录（名册）的项目共计44项，总数位居世界第一。

学习目标	学习评价
语音基础	☆☆☆☆☆
语言表达	☆☆☆☆☆
思维逻辑	☆☆☆☆☆
综合展示	☆☆☆☆☆

第五课　民族服饰大赏

我们常说的56个民族，在新中国成立前，因历史原因，许多少数民族的族属未能明确界定。新中国成立后，为科学界定民族构成、保障少数民族的平等权利，自1953年开始，由中央及地方民族事务机关组织科研队伍，对全国的400多个民族族属进行辨认，直至1979年确认基诺族为第56个民族，我国的民族构成才最终定型。

mín zú fú zhuāng xiù
民族服装秀

miáo yín shǎn shǎn liàng，xiù huā yíng tài yáng。
苗银闪闪亮，绣花迎太阳。

měng gǔ páo fēi yáng，jùn mǎ bēn sì fāng。
蒙古袍飞扬，骏马奔四方。

zàng páo nuǎn yòu hòu，gāo yuán fēng bù liáng。
藏袍暖又厚，高原风不凉。

dǎi qún suí fēng wǔ，zhú yǐng yìng xiǎo chuāng。
傣裙随风舞，竹影映小窗。

tǔ jiā zhī jǐn yàn wén huà chuán sì fāng
土家织锦艳，文化传四方。

gè zú yī shang měi zhàn fàng guāng cǎi liàng
各族衣裳美，绽放光彩亮。

实践训练

yī rèn yi rèn
一、认一认

guān chá xià miàn de tú piàn shuō shuo zhè xiē rén wù shǔ yú nǎ ge shǎo shù mín zú bìng yòng yǔ yán jiǎn dān miáo shù yí xià tā men fú shì de tè diǎn
观察下面的图片，说说这些人物属于哪个少数民族，并用语言简单描述一下他们服饰的特点。

èr dú yi dú
二、读一读

yǒu gǎn qíng de lǎng dú xià miàn de duàn luò
有感情地朗读下面的段落。

duō cǎi de shǎo shù mín zú
多彩的少数民族

wěi dà zhōng guó mín zú duō wǔ shí liù duǒ huār kāi yǒu de
伟大中国民族多，五十六朵花儿开，有的
zhù zài gāo shān dǐng yǒu de zhù zài píng yuán jiān mín zú tuán jié lì liàng
住在高山顶，有的住在平原间，民族团结力量
dà dà jiā yì qǐ xiào kāi huái
大，大家一起笑开怀。

miáo jiā gū niang xiù huā máng yín shì dīng dāng xiǎng dīng dāng jié rì
苗家姑娘绣花忙，银饰叮当响叮当，节日
chuān shàng shèng zhuāng měi lú shēng wǔ qǐ lè yáng yáng wéi wú ěr zú huān
穿上盛装美，芦笙舞起乐洋洋；维吾尔族欢
gē xiào pú tao jià xià wǔ dǎo tiào shǒu gǔ shēng shēng jié zòu xiǎng tiān
歌笑，葡萄架下舞蹈跳，手鼓声声节奏响，天
shān jiǎo xià lè xiāo yáo zàng zú rén mín xīn qián chéng jīng fān piāo yáng zài
山脚下乐逍遥；藏族人民心虔诚，经幡飘扬在
shān fēng qīng kē jiǔ ér xiāng yòu tián xiàn shàng hǎ dá zhù fú mǎn zhuàng
山峰，青稞酒儿香又甜，献上哈达祝福满；壮
zú tián jiān gē shēng liàng xiù qiú pāo qǐ qíng yì cháng zhuàng xiāng shān shuǐ
族田间歌声亮，绣球抛起情意长，壮乡山水
měi rú huà dà jiā jiàn le dōu kuā jiǎng
美如画，大家见了都夸奖。

wǔ shí liù gè mín zú qīn rú yì jiā bù fēn lí yì qǐ chàng
五十六个民族，亲如一家不分离，一起唱
gē hé tiào wǔ gòng xiǎng kuài lè hǎo shí guāng mín zú tuán jié xiàng duǒ
歌和跳舞，共享快乐好时光！民族团结像朵
huā kāi zài zǔ guó dà dì shang duō cǎi wén huà qí zhàn fàng gòng yíng
花，开在祖国大地上，多彩文化齐绽放，共迎
wèi lái hǎo mèng yuán
未来好梦圆！

sān shuō yì shuō
三、说一说

xiáng xì guān chá xià liè tú àn， tā men hé nǎ xiē mín zú yǒu guān？ shuō chū tā men de gù shi ba。

详细观察下列图案，它们和哪些民族有关？说出它们的故事吧。

中国服饰的演变

中国服饰的发展从原始社会时期至新中国成立前共经历了夏商周、秦汉、魏晋南北朝、隋唐、五代十国、宋、元、明、清、民国等历史时期，每个时期的服饰都有鲜明的特点。服饰的推陈出新既是历史演变的见证，也是中国传统文化传承的载体。原始社会时期的服饰以野兽皮毛为主，到了夏商周时期，出现了帝王的专有服饰。到了近现代，中国服饰由传统向现代、由封闭向开放、由单一向多元转型。在这一过程中，西方服饰文化的影响逐渐显现，中式服饰也不断创新，形成了今天多样化、个性化的服饰风格。同时，服饰的变迁也反映了社会政治、经济、文化的发展和人们审美观念的转变。

学习评价

学习目标	学习评价
语音基础	☆☆☆☆☆
语言表达	☆☆☆☆☆
思维逻辑	☆☆☆☆☆
综合展示	☆☆☆☆☆

第六课　四大名著之我见

课前阅读

中国的古典文学是中华民族宝贵的文化遗产，具有深厚的历史底蕴和独特的艺术魅力。在古典文学作品中，创作者注重通过人物的行为、语言和细节来塑造角色。作品的情节发展往往跌宕起伏，充满戏剧性。故事通常有一条明确的主线，往往围绕这条主线展开复杂的矛盾和冲突。古典文学作品的语言通常经过精心锤炼，既准确又简洁，富有生动性和独特性，这种语言风格让作品更加引人入胜。

中国古典文学追求写意的手法，常通过意境的营造来表达作者的情感和思想。同时，作品内容也体现了中和之美，追求和谐与平衡。中国古典文学的代表作体裁丰富，涵盖了诗歌、散文、小说等多种文体。例如，《诗经》《楚辞》和四大名著等。

基础训练

cǎo chuán jiè jiàn
草船借箭

zhū gě liàng，zuò xiǎo chuán，
诸葛亮，坐小船，
cǎo rén jiè jiàn jì móu qiǎo。
草人借箭计谋巧。
cáo cāo yí xīn luàn fàng jiàn，
曹操疑心乱放箭，
shí wàn zhī jiàn mǎn zài guī。
十万支箭满载归。
shén jī miào suàn chuán jiā huà，
神机妙算传佳话，
sān guó gù shi yǒng liú chuán。
三国故事永流传。

实践训练

yī、jiǎng yi jiǎng
一、讲一讲

xià miàn tú huà zhōng de rén wù shì shuí，jiǎng jiang tā men de gù shi。
下面图画中的人物是谁，讲讲他们的故事。

èr dú yi dú
二、读一读

lǎng dú xià liè cí yǔ bìng yòng zì jǐ de huà gài shù rén wù suǒ duì yìng de chéng yǔ gù shi
朗读下列词语，并用自己的话概述人物所对应的成语故事。

sān guó yǎn yì zhōng de chéng yǔ
《三国演义》中的成语

wàng méi zhǐ kě cáo cāo gē xū qì páo cáo cāo
望梅止渴（曹操），割须弃袍（曹操）。

dān dāo fù huì guān yǔ guò guān zhǎn jiàng guān yǔ
单刀赴会（关羽），过关斩将（关羽）。

sān gù máo lú liú bèi hún shēn shì dǎn zhào yún
三顾茅庐（刘备），浑身是胆（赵云）。

lè bù sī shǔ liú shàn jū gōng jìn cuì zhū gě liàng
乐不思蜀（刘禅），鞠躬尽瘁（诸葛亮）。

sān yǎn yi yǎn
三、演一演

yǎn yì xià miàn de gù shi zhù yì yòng shēng yīn qū fēn jué sè
演绎下面的故事，注意用声音区分角色。

猴吃西瓜

一天，小猴子在森林里玩耍，偶然间发现了一个又大又圆的西瓜。小猴子从未吃过西瓜，但看着那鲜亮的颜色和诱人的形状，突然觉得很饿。它想：“这个西瓜一定很好吃！”

小猴子把西瓜搬回了家，用小刀使劲地切开了西瓜。红红的瓜瓤露了出来，散发出一阵阵清甜的香气。小猴子迫不及待地尝了一口，嗯，果然非常美味！

正当小猴子准备独享整个西瓜的时候，小松鼠蹦蹦跳跳地跑了过来，羡慕地说：“哇，小猴子，你有个大西瓜！我也想尝尝，可以分我一点吗？”

小猴子有点不愿意分享，但看到小松鼠那期待的眼神，它想了想，最终还是把西瓜切了一半给小松鼠。小松鼠开心地接过西瓜，感激地说：“谢谢你，小猴子！你真好！”

xiǎo sōng shǔ pǎo kāi hòu, xiǎo
小松鼠跑开后，小
tù zi yòu lái le, tā yě xiǎng cháng
兔子又来了，它也想尝
yi cháng nà měi wèi de xī guā。xiǎo
一尝那美味的西瓜。小
hóu zi zhè cì méi yǒu yóu yù, lì
猴子这次没有犹豫，立
kè bǎ shèng xià de xī guā fēn le yí
刻把剩下的西瓜分了一
bàn gěi xiǎo tù zi。xiǎo tù zi chī
半给小兔子。小兔子吃
de hěn kāi xīn, yě tóng yàng gǎn xiè le xiǎo hóu zi。
得很开心，也同样感谢了小猴子。

xiǎo hóu zi fā xiàn, suī rán tā zì jǐ zhǐ chī le yì xiǎo bù fen
小猴子发现，虽然它自己只吃了一小部分
xī guā, dàn kàn dào xiǎo sōng shǔ hé xiǎo tù zi chī de nà me kāi xīn,
西瓜，但看到小松鼠和小兔子吃得那么开心，
zì jǐ yě jué de hěn gāo xìng。yuán lái, fēn xiǎng bǐ dú xiǎng gèng ràng rén
自己也觉得很高兴。原来，分享比独享更让人
kāi xīn。
开心。

cóng nà yǐ hòu, xiǎo hóu zi xué huì le fēn xiǎng, měi cì zhǎo dào
从那以后，小猴子学会了分享，每次找到
hào chī de dōu huì hé péng you men yì qǐ xiǎng shòu, dà jiā dōu fēi cháng xǐ
好吃的都会和朋友们一起享受，大家都非常喜
huan hé tā zuò péng you。
欢和它做朋友。

四大名著

中国古典文学四大名著分别是《西游记》《红楼梦》

《三国演义》和《水浒传》。《西游记》讲述了孙悟空、猪八戒和沙和尚等跟随唐僧去西天取经的冒险故事，他们一路上遇到了很多妖怪，降妖伏魔，最终抵达西天取得真经；《红楼梦》以贾、史、王、薛四大家族的兴衰为背景，以贾宝玉与林黛玉、薛宝钗的爱情婚姻悲剧为主线，展现了几个大家族的兴衰，充满了对生活和社会的思考；《三国演义》以东汉末年至三国鼎立为背景，讲述了很多英雄人物的故事，如聪明的诸葛亮、勇敢的关羽等，他们在战争中展现了智慧和勇气；《水浒传》讲述了北宋末年宋江等一百零八位好汉在梁山聚义的故事，他们为了正义而反抗不公，展现了勇敢和团结的精神。四大名著不仅有趣，还充满了人生哲理，是中国古典文学的瑰宝。

学习评价

学习目标	学习评价
语音基础	☆☆☆☆☆
语言表达	☆☆☆☆☆
思维逻辑	☆☆☆☆☆
综合展示	☆☆☆☆☆

第七课　汉字的韵律美

课前阅读

汉字有着悠久的历史。早在三千多年前，我们的祖先就开始用系统的符号记录生活。这些符号慢慢演变成了我们今天看到的汉字。传说汉字是由一位叫仓颉的史官整理创造的。有一天，他看到鸟兽的足迹，觉得这些足迹所显现的形状可以用来表示事物。于是，他根据大自然的形象，比如太阳、月亮、山川河流等，创造了早期的汉字，这些字就像图画一样，叫作“象形文字”。随着时间的推移，汉字变得越来越复杂，不再只是简单的图画，而是通过组合不同的部分来表达更多的意思。比如“明”字就是“日”和“月”组合在一起，表示光明。汉字不仅是人们沟通的载体，还是中国悠久文化和历史的记录者。

基础训练

bā bǎi biāo bīng
八百标兵

bā bǎi biāo bīng bèn běi pō
八百标兵奔北坡，

pào bīng bìng pái běi biān pǎo
炮兵并排北边跑。

pào bīng pà bǎ biāo bīng pèng
炮兵怕把标兵碰，

biāo bīng pà pèng pào bīng pào
标兵怕碰炮兵炮。

实践训练

yī rèn yi rèn
一、认一认

rèn shi shēng diào, bìng shuō shuo shēng diào hé hàn zì de guān xì
认识声调，并说说声调和汉字的关系。

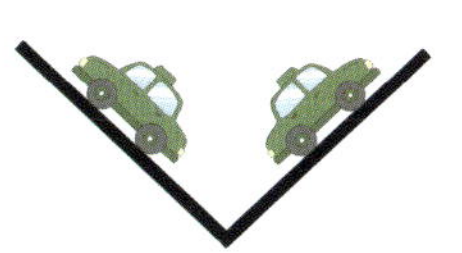

èr dú yi dú
二、读一读

gēn jù shàng miàn xué xí de shēng diào, lǎng dú xià miàn de chéng yǔ
1. 根据上面学习的声调，朗读下面的成语。

wǔ cǎi bīn fēn　　hú jiǎ hǔ wēi　　bīng xuě cōng míng
五彩缤纷　　狐假虎威　　冰雪聪明

quán shén guàn zhù　hǔ tóu hǔ nǎo　liǎng xiǎo wú cāi
全神贯注　虎头虎脑　两小无猜

shàn jiě rén yì　dì dà wù bó　shǒu zhū dài tù
善解人意　地大物博　守株待兔

sān sī ér xíng　yì míng jīng rén　sì hǎi wéi jiā
三思而行　一鸣惊人　四海为家

yì wú fǎn gù　tiān zhēn huó pō　guāng míng lěi luò
义无反顾　天真活泼　光明磊落

yǒu gǎn qíng de lǎng sòng　jiāng nán　bìng bèi sòng quán wén
2.有感情地朗诵《江南》，并背诵全文。

jiāng nán
江南

hàn yuè fǔ
汉乐府

jiāng nán kě cǎi lián，lián yè hé tián tián。
江南可采莲，莲叶何田田。

yú xì lián yè jiān。yú xì lián yè dōng，
鱼戏莲叶间。鱼戏莲叶东，

yú xì lián yè xī，yú xì lián yè nán，
鱼戏莲叶西，鱼戏莲叶南，

yú xì lián yè běi。
鱼戏莲叶北。

sān　shuō yi shuō
三、说一说

zài xiàn dài shè huì，wǒ men de shēng huó zhōng chōng chì zhe gè lèi diàn zǐ chǎn pǐn，nǐ zài shēng huó zhōng shǐ yòng diàn zǐ chǎn pǐn ma？nǐ rèn wéi shǐ yòng diàn zǐ chǎn pǐn shì hǎo hái shi bù hǎo ne？qǐng nǐ shuō chū zì jǐ

在现代社会，我们的生活中充斥着各类电子产品，你在生活中使用电子产品吗？你认为使用电子产品是好还是不好呢？请你说出自己

de lǐ jiě
的理解。

甲骨文

甲骨文是指一种契刻在龟壳或动物骨骼上的文字。迄今为止，人们可以见到的最早的古代文献就是用甲骨文书写的。甲骨文献的内容为殷商时代王室占卜的记录以及与占卜有关的记事文字，故又称“卜辞”。因其最初出土于殷墟（今河南省安阳市殷都区小屯村），故又称“殷墟书契”。甲骨文是刻在龟甲和兽骨上的文字，是迄今为止中国发现的年代最早的成熟文字系统。

学习评价

学习目标	学习评价
语音基础	☆☆☆☆☆
语言表达	☆☆☆☆☆
思维逻辑	☆☆☆☆☆
综合展示	☆☆☆☆☆

第八课　乐器里的旋律

课前阅读

乐器是用来演奏音乐的工具，其种类繁多。我们可以根据发声方式，将乐器分为打击乐器、弦乐器、管乐器和键盘乐器四大类。打击乐器是通过敲打乐器产生震动来发出声音的。弦乐器是通过拨动或拉动琴弦来发出声音的。管乐器是通过吹气使乐器内部振动来发出声音的。键盘乐器是通过按键来发出声音的。

虽然乐器的种类不同，但它们都有一个共同的目标，就是通过美妙的声音让我们感受到音乐的魅力。

基础训练

qiāo luó dǎ gǔ

敲锣打鼓

qiāo luó dǎ gǔ dōng dōng qiāng

敲锣打鼓咚咚锵，

xiǎo péng yǒu men tiào de huān

小朋友们跳得欢。

nǐ qiāo luó wǒ dǎ gǔ
你敲锣，我打鼓，
dà jiā yì qǐ xǐ yáng yáng
大家一起喜洋洋。

实践训练

yī rèn yi rèn
一、认一认

shuō chū xià miàn yuè qì de míng zi bìng xíng róng tā men shēng yīn de tè diǎn
说出下面乐器的名字，并形容它们声音的特点。

èr sòng yi sòng
二、诵一诵

lǎng sòng xià miàn de shī gē xuǎn zé shì dàng de pèi yuè gǎn shòu hàn zì yùn lǜ yǔ yīn yuè de jié hé
朗诵下面的诗歌，选择适当的配乐，感受汉字韵律与音乐的结合。

wǒ ài nǐ zhōng guó
我爱你，中国

wǒ ài nǐ zhōng guó
我爱你——中国。
qīng qīng de dǎ kāi dì tú
轻轻地打开地图，
bì lǜ de shì cǎo yuán
碧绿的是草原，
jīn sè de shì shā mò
金色的是沙漠，
lán lán de shì dà hǎi
蓝蓝的是大海，
wān wān de shì jiāng hé
弯弯的是江河，
zài wǒ men zǔ guó de bǎn tú shang
在我们祖国的版图上，
yí piàn wǔ yán liù sè
一片五颜六色，
jiù xiàng shèng kāi de xiān yàn huā duǒ
就像盛开的鲜艳花朵，
miàn duì zhè měi lì de tú huà
面对这美丽的图画，
wǒ men fàng shēng gē chàng
我们放声歌唱，
wǒ ài nǐ zhōng guó
我爱你——中国。

sān dú yi dú
三、读一读

yǒu gǎn qíng de lǎng dú xià miàn de sǎn wén yòng nǐ rén de shǒu fǎ miáo shù yí gè dà zì rán de shēng yīn
有感情地朗读下面的散文，用拟人的手法描述一个大自然的声音。

xiǎo yǔ de qiāo qiāo huà
小雨的悄悄话

jīn bō
金波

wǒ xǐ huan qīng tīng xiǎo yǔ de qiāo
我喜欢倾听小雨的悄
qiāo huà　wǒ yuàn yì biàn chéng yǔ zhōng de
悄话。我愿意变成雨中的
shù　wǒ zhāng kāi měi yí piàn lǜ yè
树。我张开每一片绿叶，
yǔ dī jiù huì qīng qīng qiāo xiǎng wǒ de yè
雨滴就会轻轻敲响我的叶
zi　fā chū dī dī dā dā de xiǎng
子，发出滴滴答答的响
shēng　wǒ kāi fàng wú shù duǒ xiǎo huā　yǔ dī jiù huì qīng qīng de tiào jìn
声。我开放无数朵小花，雨滴就会轻轻地跳进
wǒ de huā ruǐ　fā chū dīng dīng dōng dōng de xiǎng shēng　xiǎo yǔ pāi xiǎng wǒ
我的花蕊，发出叮叮咚咚的响声。小雨拍响我
lǜ sè de shǒu zhǎng　zhēn mǎn wǒ cǎi sè de jiǔ bēi　kāi shǐ gěi wǒ jiǎng
绿色的手掌，斟满我彩色的酒杯，开始给我讲
chūn tiān de gù shi
春天的故事。

xiǎo yǔ qiāo qiāo de duì wǒ shuō　zhǎng ba　xiǎo shù　zhǎng chū lǜ lǜ
小雨悄悄地对我说：“长吧，小树！长出绿绿
de yè zi　kāi fàng xiāng xiāng de huā duǒ　jiē chū tián tián de guǒ shí
的叶子，开放香香的花朵，结出甜甜的果实。”

拓展阅读

民族乐器之我见

在中国，有许多传统的民族乐器，每一种都有丰富的历史和独特的声音。例如，二胡是一种非常有名的中国民

族乐器，虽只有两根弦，但可以演奏出优美的旋律；琵琶也是一种古老的乐器，形状像梨，演奏时用手指拨弦，声音清脆明亮；笙是一种管乐器，由很多小管子组成，声音悠扬婉转，常用于欢庆的场合。

世界各地的民族也都有自己独特的乐器。例如，非洲的鼓乐充满节奏感，用来传递信息和庆祝节日；印度的西塔琴声音深沉悠远，是印度古典音乐的重要乐器。这些乐器让我们认识到，音乐是连接世界各国、各民族的重要桥梁。

学习评价

学习目标	学习评价
语音基础	☆☆☆☆☆
语言表达	☆☆☆☆☆
思维逻辑	☆☆☆☆☆
综合展示	☆☆☆☆☆

第九课　曲艺“杂”谈

课前阅读

中国的戏曲种类非常多，有京剧、越剧、黄梅戏、豫剧等，每种戏曲都有自己的特点和风格。例如，京剧以华丽的服饰、独特的脸谱和优美的唱腔而闻名；黄梅戏的配乐轻柔动听，故事情节多围绕爱情展开。每种戏曲都代表了不同地区的文化和民俗，体现出中国人民的智慧和艺术创造力。

戏曲中的角色主要分为生、旦、净、丑四大行当，每个行当都有不同的表演方式和特点。演员们通过精湛的表演技艺，把古代的故事和人物栩栩如生地展现在舞台上。

基础训练

xiǎo yǔ hé lǎo yú

小雨和老余

xiǎo yǔ shàng jiē mǎi yú jù

小雨上街买渔具，

lǎo yú gōng yuán chàng qǔ jù

老余公园唱曲剧，

小雨老余公园聚，
老余看小雨的渔具，
小雨学老余的曲剧。

实践训练

一、涂一涂

拿起手中的彩笔，给下面的脸谱涂上你最喜欢的颜色。

二、演一演

分小组演绎下面的剧本，注意不同角色的区分。

xiǎo xiǎo jīng jù biǎo yǎn jiā
小小京剧表演家

jué sè
角色：

xiǎo huā dàn ér tóng bàn yǎn
小花旦（儿童扮演）

xiǎo lǎo shēng ér tóng bàn yǎn
小老生（儿童扮演）

jù běn
剧本：

xiǎo lǎo shēng bǎi zī shì qīng sǎng zi jīn rì tiān qì zhēn hǎo zán men lái chàng yì chū hǎo xì
小老生（摆姿势，清嗓子）：今日天气真好，咱们来唱一出好戏！

xiǎo huā dàn huān kuài de tiào chū lái hǎo ya hǎo ya wǒ lái bàn yǎn xiǎo jiě nǐ lái zuò shū shēng zěn me yàng
小花旦（欢快地跳出来）：好呀好呀！我来扮演小姐，你来做书生，怎么样？

xiǎo lǎo shēng hǎo zhǔ yi nà wǒ men jiù kāi shǐ ba
小老生：好主意！那我们就开始吧！

xiǎo huā dàn chūn fēng fú miàn táo huā xiāng xiǎo jiě wǒ chū yóu shǎng chūn guāng
小花旦：春风拂面桃花香，小姐我出游赏春光。

xiǎo lǎo shēng yáo tóu huàng nǎo hǎo yí wèi jiā rén xíng zǒu zài huā jiān zhēn nǎi rén jiān měi jǐng yě
小老生（摇头晃脑）：好一位佳人，行走在花间，真乃人间美景也！

xiǎo huā dàn tíng xià liǎng rén duì shì yí xiào
（小花旦停下，两人对视一笑）

xiǎo huā dàn shū shēng nǐ kàn wǒ zhè wǔ zī rú hé
小花旦：书生，你看我这舞姿如何？

xiǎo lǎo shēng miào jí miào jí nǐ de wǔ zī piān piān zhēn shì měi bú shèng shōu
小老生：妙极妙极！你的舞姿翩翩，真是美不胜收！

liǎng rén yì qǐ xiàng guān zhòng jū gōng luò mù
（两人一起向观众鞠躬，落幕）

sān dú yi dú
三、读一读

yǒu gǎn qíng de lǎng dú xià miàn de duàn luò
有感情地朗读下面的段落。

chàng liǎn pǔ
唱脸谱

wài guó rén bǎ nà jīng xì jiào zuò méi jiàn guò nà wǔ sè de yóu cǎi lèng wǎng liǎn shang huà sì jī tóu yí liàng xiàng měi jí la miào jí la jiǎn zhí dǐng guā guā
外国人把那京戏叫作Beijing Opera，没见过那五色的油彩楞往脸上画，“四击头”一亮相，美极啦，妙极啦，简直OK顶呱呱！

lán liǎn de dòu ěr dūn dào yù mǎ hóng liǎn de guān gōng zhàn cháng shā huáng liǎn de diǎn wéi bái liǎn de cáo cāo hēi liǎn de zhāng fēi jiào zhā zhā
蓝脸的窦尔敦盗御马，红脸的关公战长沙，黄脸的典韦，白脸的曹操，黑脸的张飞，叫喳喳！

拓展阅读

川剧变脸

川剧变脸是中国传统戏曲川剧中的一项神奇技艺。变脸是一种通过快速更换脸谱来表现角色情感变化的表演艺术。当演员在舞台上表演时，他们可以在瞬间将脸上的

脸谱从一种颜色或图案变成另一种，让观众觉得惊奇又神秘。

变脸的秘密在于演员们经过长期训练，能够熟练地运用特制的道具和技巧，快速地将一张脸谱换成另一张。变脸的动作要非常迅速，每一个变脸都与故事情节和人物情感紧密相关。

学习评价

学习目标	学习评价
语音基础	☆☆☆☆☆
语言表达	☆☆☆☆☆
思维逻辑	☆☆☆☆☆
综合展示	☆☆☆☆☆

第十课　民间技艺展览馆

课前阅读

中国民间技艺，是中国民众在长期的生产生活实践中创造、积累和传承下来的传统技艺。这些技艺通常不需要复杂的机器，而是通过手工制作来完成。民间技艺的种类非常丰富，每一种技艺都有着自己独特的风格和技巧。例如，剪纸、刺绣、泥塑、风筝制作、糖画等。

这些技艺与中国的传统文化和风俗习惯紧密相连。剪纸常常用于新年或其他节日装饰，在纸上剪出各种美丽的图案，如喜字、花鸟等，以表示吉祥和表达祝福；风筝制作与放飞是传统的民间活动，每当春天到来，人们就会在蓝天白云下放飞五颜六色的风筝。

基础训练

dà chē hé xiǎo chē
大车和小车

dà chē lā xiǎo chē, xiǎo chē lā xiǎo shí tou,
大车拉小车，小车拉小石头，
shí tou diào xià lái, zá le xiǎo jiǎo zhǐ tou.
石头掉下来，砸了小脚指头。

实践训练

yī、shuō yi shuō
一、说一说

jiǎ rú nǐ xiàn zài shì yí gè xiǎo xiǎo jiǎng jiě yuán, dài shàng nǐ zài jiā zuò hǎo de zhé zhǐ huò jiǎn zhǐ zuò pǐn hé dà jiā fēn xiǎng yí xià chuàng zuò guò chéng.
假如你现在是一个小小讲解员，带上你在家做好的折纸或剪纸作品和大家分享一下创作过程。

lì rú:
例如：

dà jiā hǎo, jīn tiān wǒ gěi dà jiā zhǎn shì de shì……
“大家好，今天我给大家展示的是……”

wǒ de jiǎn zhǐ zuò pǐn shì zhè yàng zuò de……
“我的剪纸作品是这样做的……”

èr dú yi dú
二、读一读

yǒu gǎn qíng yǒu jié zòu de lǎng dú xià miàn de ér gē
有感情、有节奏地朗读下面的儿歌。

jiǎn zhǐ gē
剪纸歌

ní ba niē niē niē xiǎo zhū yuán yuán pàng pàng xiào xī xī
泥巴捏捏捏小猪，圆圆胖胖笑嘻嘻。

jiǎn dāo jiǎn chū měi tú àn xīn lǐ kuài lè xiào hā hā
剪刀剪出美图案，心里快乐笑哈哈！

zhī bù jī dōng dōng xiǎng cǎi sè bù pǐ měi yòu liàng
织布机咚咚响，彩色布匹美又亮。

mù gōng shū shu zuò wán jù mù tou xiǎo chē zhēn shén qí
木工叔叔做玩具，木头小车真神奇！

jiǎn zhǐ jiǎn zhǐ jiǎn chū huā hóng hóng lǜ lǜ zhēn piào liang
剪纸剪纸，剪出花，红红绿绿真漂亮。

biān zhī biān zhī zhī chéng bù wǔ cǎi bān lán zhēn měi lì
编织编织，织成布，五彩斑斓真美丽！

jì yì qí miào shǒu gōng yì yì qǐ dòng shǒu zuò wán jù
技艺奇妙手工艺，一起动手做玩具。

gǔ lǎo jì yì zhēn yǒu qù wǒ men dōu lái xué yi xué
古老技艺真有趣，我们都来学一学！

sān xiǎng yi xiǎng
三、想一想

chú le jīn tiān xué dào de mín jiān jì yì, nǐ hái zhī dào nǎ xiē mín jiān jì yì? hé dà jiā fēn xiǎng yí xià.

除了今天学到的民间技艺，你还知道哪些民间技艺？和大家分享一下。

即将消逝的民间技艺

即将消逝的民间技艺是指一些古老的手工技艺，因为各种原因面临失传的风险。随着现代化的发展和新技术的普及，掌握这些技艺的人越来越少。例如，中国的天津泥人张、徽州砖雕、传统的手工织布等技艺，都是极具特色的民间技艺。然而，由于制作这些工艺品需要耗费大量的时间和精力，且市场需求减少，加之许多技艺都是通过师徒间口传心授的方式传承下来的。所以，从事这些技艺的人也越来越少，如果没有新一代的手艺人去学习，这些民间技艺可能会随着老一辈手艺人的离去而消失。因此，保护和传承这些即将消失的民间技艺非常重要。传统的民间技艺不仅是我国文化遗产的一部分，更是人们智慧的结晶。

学习评价

学习目标	学习评价
语音基础	☆☆☆☆☆
语言表达	☆☆☆☆☆
思维逻辑	☆☆☆☆☆
综合展示	☆☆☆☆☆

美育小课堂一　艺术美

一、美育知识

文艺其从，更启智润心，一生向美而行。

艺术就是表达和创造，与标准和像不像无关，与是否真实、合理、准确无关。简单地说，正确的艺术认知就是："画画可像可不像，像不是必须的标准。语言内容没有好坏，富有真情实感才是有感染力的表达。"

二、美育实践

（一）阅读下面关于艺术的精彩语句

艺术是生活的镜像，生活给了艺术再创造的灵感和力量。

悠游于生活之上，自在地听懂，花和一切无声之物的语言。

踏上这条浪漫的诗画艺术之旅，我们将领略万里江山的壮美，自然雅趣的秀美，品格高洁的至美，率真洒脱的俊美，匠心独运的精美，色彩缤纷的华美，还有幸福生活的丰美。在对美的发现与求索中，追寻生命的大美。

——范迪安

（二）户外实践

小小讲解员

参观博物馆，了解一件自己感兴趣的艺术品，并做一个讲解展示。

第二单元　自然美

亲爱的小朋友们，你们好，我是金熊猫！

这个单元我要带你们走进大自然，去感受自然界的神奇与奥秘，一起探索什么是自然美。

你们知道吗？自然美就是大自然中那些让我们感到惊奇和愉悦的景物。它可以是高耸入云的山峰、清澈见底的湖泊，也可以是五彩斑斓的花朵、自由飞翔的小鸟。每一片树叶、每一滴露珠、每一个生命都蕴藏着大自然的鬼斧神工。

接下来，我不仅会带大家认识大自然中的美丽景观和可爱动物，还会一起去探寻宇宙的奥秘和人类文明的奇迹。与此同时，我还会和小朋友们一起讨论如何保护自然，比如节约用水、爱护花草树木等。

现在就让我们一起开启这段充满色彩和生机的自然之旅，去发现和探索大自然蕴含的美吧！

第十一课　四季的更替

课前阅读

四季变化，是地球在围绕太阳公转过程中形成的自然现象。一年有春季、夏季、秋季和冬季四个季节，每个季节大约持续三个月。春季万物复苏，气温逐渐回暖；夏季天气炎热，阳光充沛；秋季天高气爽，是收获的季节；冬季则寒冷干燥，万物进入休眠。四季的更替不仅影响着自然界的变化，也让我们的生活有了不同的体验。

基础训练

说日（shuō rì）

夏日无日日亦热，冬日有日日亦寒，
（xià rì wú rì rì yì rè，dōng rì yǒu rì rì yì hán，）

春日日出天渐暖，晒衣晒被晒褥单，
（chūn rì rì chū tiān jiàn nuǎn，shài yī shài bèi shài rù dān，）

秋日天高复云淡，遥看红日迫西山。
（qiū rì tiān gāo fù yún dàn，yáo kàn hóng rì pò xī shān。）

实践训练

一、说一说

观察下面的四幅图画，说一说每个季节的特征。

二、读一读

有感情地朗读下面的成语，按照四季进行分类，并选择1～2个进行造句。

chūn nuǎn huā kāi
春暖花开

tiān hán dì dòng
天寒地冻

qiān lǐ bīng fēng
千里冰封

chūn huá qiū shí
春华秋实

dà xuě fēn fēi
大雪纷飞

chūn huí dà dì
春回大地

liè rì yán yán
烈日炎炎

chūn guāng míng mèi
春光明媚

tiān gāo yún dàn
天高云淡

hán dōng là yuè
寒冬腊月

yín zhuāng sù guǒ
银装素裹

fēng hé rì lì
风和日丽

qiū gāo qì shuǎng
秋高气爽

yí yè zhī qiū
一叶知秋

qiū sè yí rén
秋色宜人

hán lái shǔ wǎng
寒来暑往

bīng tiān xuě dì
冰天雪地

jiāo yáng sì huǒ
骄阳似火

sān jiǎng yi jiǎng
三、讲一讲

nǐ zuì xǐ huan de jì jié shì nǎ ge? xiàng lǎo shī hé tóng xué jiè shào yí xià。
你最喜欢的季节是哪个？向老师和同学介绍一下。

为什么会有白天和黑夜？

地球围绕太阳运动，被称为公转，这一周期持续大约365.25天，构成了我们的一年。在这段旅程中，地球沿着一个近似椭圆形的轨道运行，形成四季交替。同时，地球并不是一个沉寂的天体，它也在快速自转，每完成一圈自转约需要24小时，也就是我们日常所说的一天。

地球，这颗壮丽的蓝色星球，自身既不发光，也不透明，它是由坚实的地壳、海洋和大气层构成的。当它绕太阳旋转时，太阳的光辉沿着其路径洒落，然而光在同一时间仅能触及地球的半面。一面，沐浴在金色的阳光中，成为我们熟知的白天；另一面，则暂时远离了光源，隐没在深深的黑暗中，成为黑夜。

光明与黑暗的交替不仅划分了地球的晨昏，也调节着地球上无数生物的生活节奏。动物根据光线的变化来调整其作息，植物则依赖光照时长来决定其生长与休眠。人类同样遵循着这种大自然的节拍，安排生活、工作与娱乐。

学习评价

学习目标	学习评价
语音基础	☆☆☆☆☆
语言表达	☆☆☆☆☆
思维逻辑	☆☆☆☆☆
综合展示	☆☆☆☆☆

第十二课　植物的奥秘

课前阅读

地球是一个复杂而美丽的星球，它不仅是我们生活的家园，还是我们需要共同守护的城堡。地球也是一个生机盎然的植物世界。植物通过光合作用不仅为地球上的生命提供了充足的补给和氧气，也装点着人类的家园。

地球上现存已知的植物有40多万种，有单细胞的藻类和开花结果的参天大树，以及野生的花草和形形色色的栽培植物……它们构成了地球上庞大的植物王国。为了能准确方便地认识它们，植物学家给它们编制了族谱，依次为界、门、纲、目、科、属、种。每一种植物，在分类系统中都有属于自己的位置。

qī kē shù

七棵树

yī èr sān, sān èr yī, yī èr sān sì wǔ liù qī.
一二三，三二一，一二三四五六七。

qī gè ā yí lái zhāi guǒ, qī gè huā lánr shǒu zhōng tí.
七个阿姨来摘果，七个花篮儿手中提。

qī kē shù shang jiē qī yàng guǒ, píng guǒ、táor、shí liu、shì zi, lǐ zi、lì zi、lí.
七棵树上结七样果，苹果、桃儿、石榴、柿子，李子、栗子、梨。

实践训练

yī、rèn yi rèn

一、认一认

nǐ zài shēng huó zhōng jiàn guò yǐ xià zhè xiē huā ma? zǐ xì guān chá bìng shuō chū tā men de tè zhēng.
你在生活中见过以下这些花吗？仔细观察并说出它们的特征。

康乃馨

向日葵

玫瑰花

仙人掌

èr dú yi dú
二、读一读

yǒu gǎn qíng de lǎng dú xià miàn de shī cí
有感情地朗读下面的诗词。

chūn yè xǐ yǔ
春夜喜雨

táng dù fǔ
唐·杜甫

hǎo yǔ zhī shí jié, dāng chūn nǎi fā shēng.
好雨知时节，当春乃发生。

suí fēng qián rù yè, rùn wù xì wú shēng.
随风潜入夜，润物细无声。

yě jìng yún jù hēi, jiāng chuán huǒ dú míng.
野径云俱黑，江船火独明。

xiǎo kàn hóng shī chù, huā zhòng jǐn guān chéng.
晓看红湿处，花重锦官城。

dà lín sì táo huā
大林寺桃花

táng bái jū yì
唐·白居易

rén jiān sì yuè fāng fēi jìn, shān sì táo huā shǐ shèng kāi.
人间四月芳菲尽，山寺桃花始盛开。

cháng hèn chūn guī wú mì chù, bù zhī zhuǎn rù cǐ zhōng lái.
长恨春归无觅处，不知转入此中来。

sān jiǎng yi jiǎng
三、讲一讲

xiáng xì jiè shào yì zhǒng nǐ xǐ ài de zhí wù, kě yǐ cóng tā de xíng tài tè zhēng、yán sè、xí xìng děng fāng miàn jìn xíng jiè shào.
详细介绍一种你喜爱的植物，可以从它的形态特征、颜色、习性等方面进行介绍。

世界七大植物之最

世界上最高的树——杏仁桉树，主要生长在澳大利亚的草原上，最高可达156米；

世界上最大的花——大王花，主要生长在印度尼西亚，直径可达1.4米；

世界上最大的种子——海椰子，主要生长在塞舌尔群岛，种子重量可达15千克；

世界上最古老的树——银杏树，最早出现于2.7亿年前，现存野生种群仅分布于中国；

世界上最耐寒的植物——雪莲，主要生长在中国新疆和蒙古的寒冷地区，可以在零下30摄氏度的环境中存活；

世界上最大的仙人掌——萨瓜罗仙人掌，主要生长在墨西哥和美国西南部，高度约20米；

世界上最耐火的树——红松，这种树木喜光性强，喜微酸性土或中性土，不仅耐火，而且其树皮可提取栲胶，树干可采松脂。

学习目标	学习评价
语音基础	★★★★★
语言表达	★★★★★
思维逻辑	★★★★★
综合展示	★★★★★

第十三课　我爱大自然

课前阅读

长颈鹿为什么爱穿那身“花衣裳”？猫咪的大眼睛为什么会“一日三变”？荷花为什么能“出淤泥而不染”？大自然的奇妙之处在于它的多样景观、奇特自然现象、丰富的动植物种类和地貌特征。这些奇妙之处不仅令人惊叹，还引发了人们对自然的敬畏之情。

基础训练

shuǐ lián tiān
水连天

tiān lián shuǐ, shuǐ lián tiān, shuǐ tiān yí sè wàng wú biān.
天连水，水连天，水天一色望无边。

lán lán de tiān sì lǜ shuǐ, lǜ lǜ de shuǐ rú lán tiān,
蓝蓝的天似绿水，绿绿的水如蓝天，

dào dǐ shì tiān lián shuǐ, hái shi shuǐ lián tiān?
到底是天连水，还是水连天？

实践训练

一、涂一涂

给下面的“大自然”涂色，并分享你的设计思路。

二、讲一讲

用形象生动的语言描述大自然中的声音，看谁说得又快又多。

例如：树叶的沙沙声、小鸟的叽叽喳喳声、小溪的潺潺流淌声。

sān dú yi dú
三、读一读

yǒu gǎn qíng de lǎng dú xià miàn de shī cí, bìng bèi sòng xià lái
有感情地朗读下面的诗词，并背诵下来。

yǒng liǔ
咏柳

táng hè zhī zhāng
唐 · 贺知章

bì yù zhuāng chéng yí shù gāo, wàn tiáo chuí xià lǜ sī tāo
碧玉妆成一树高，万条垂下绿丝绦。

bù zhī xì yè shuí cái chū, èr yuè chūn fēng sì jiǎn dāo
不知细叶谁裁出，二月春风似剪刀。

qián táng hú chūn xíng
钱塘湖春行

táng bái jū yì
唐 · 白居易

gū shān sì běi jiǎ tíng xī, shuǐ miàn chū píng yún jiǎo dī
孤山寺北贾亭西，水面初平云脚低。

jǐ chù zǎo yīng zhēng nuǎn shù, shuí jiā xīn yàn zhuó chūn ní
几处早莺争暖树，谁家新燕啄春泥。

luàn huā jiàn yù mí rén yǎn　qiǎn cǎo cái néng mò mǎ tí
乱花渐欲迷人眼，浅草才能没马蹄。
zuì ài hú dōng xíng bù zú　lǜ yáng yīn lǐ bái shā dī
最爱湖东行不足，绿杨阴里白沙堤。

宇宙的起源

宇宙，那片浩瀚无垠、充满神秘的领域，蕴藏着数不胜数的恒星、行星与星系。但你可能不知道，它的起源竟是一个极其微小且炽热的奇点。这个点经过“大爆炸”而不断膨胀扩展，最终演化为现在广阔无边的宇宙。在这漫长的演变过程中，恒星与行星逐渐诞生，地球正是这浩瀚宇宙中的一颗璀璨明珠。

学习评价

学习目标	学习评价
语音基础	★★★★★
语言表达	★★★★★
思维逻辑	★★★★★
综合展示	★★★★★

第十四课　动物世界

课前阅读

根据动物的各类特征，科学家们将动物界中的各种生物分门别类，主要分为界、门、纲、目、科、属、种七个层级。除此之外，动物还可以分为脊椎动物与无脊椎动物两大类，每一类下都有许多科。

基础训练

一只鹅
（yì zhī é）

pō shang lì zhe yì zhī é
坡上立着一只鹅，

pō xia jiù shì yì tiáo hé
坡下就是一条河。

kuān kuān de hé féi féi de é
宽宽的河，肥肥的鹅，

é yào guò hé hé yào dù é
鹅要过河，河要渡鹅。

bù zhī shì é guò hé hái shi hé dù é
不知是鹅过河，还是河渡鹅。

实践训练

一、说一说

描述下列小动物的外貌特征，说一说它们的习性。

二、演一演

请你扮演一只小动物，用拟人的语言给大家介绍一下“自己”。

例如：小朋友们大家好，我是你们的好朋友小猫米粒。你瞧，我有洁白的毛、长长的胡须、柔软的肉垫和大大的尾巴。怎么样？这样的我是不是很可爱？但是当我看到猎物时，我会俯下身子、伸出尖锐的爪子、瞪大双眼，猛地一下扑过去！

三、读一读

有感情地朗读下面的散文，并模仿这篇短文讲讲你喜欢的小动物。

猫

老舍

猫的性格实在有些古怪。说它老实吧，它的确有时候很乖。它会找个暖和的地方，成天睡大觉，无忧无虑，什么事也不过问。可是，赶到它决定要出去玩玩，就会走出一天一夜，任凭谁怎么呼唤，它也不肯回来。说它贪玩吧，的确是呀，要不怎么会一天一夜不回家呢？可是，及至它听到点老鼠的响动啊，它又多么尽职，闭息凝视，一连就是几个钟头，非把老鼠等出来不拉倒！

消失的国家级保护动物

由于受到多种因素的威胁，世界上有许多保护动物从此消失。

白鱀豚是中国特有的淡水鲸，体长可达2.5米，主要分布在长江流域。由于航运的发展、人类活动的影响以及环境污染，白鱀豚的数量急剧下降。在2002年还有人工饲养的白鱀豚存活，此后再未有新的白鱀豚被发现。因此，白鱀豚被认为已经功能性灭绝。

新疆虎（里海虎）是中国西北地区的大型老虎，曾广泛分布于新疆以及青海、甘肃一带。由于环境变化和人类捕猎，新疆虎于1916年在我国境内绝迹，到20世纪80年代，世界自然保护联盟正式向全世界宣布，新疆虎灭绝。

此外，还有多种珍稀动物如台湾云豹、白臂叶猴等也已经在中国境内消失。这些动物的灭绝可归因于人类活动引发的栖息地破坏、过度捕猎等。为了保护珍稀动物和生态平衡，我们应该增强环保意识、杜绝破坏野生环境的行为，并积极参与野生动物保护工作。

学习目标	学习评价
语音基础	★★★★★
语言表达	★★★★★
思维逻辑	★★★★★
综合展示	★★★★★

第十五课　宇宙行星解密

太阳系是一个由太阳及它周围所有天体组成的系统。它包括八大行星（离太阳最远的冥王星在2006年被重新分类为“矮行星”）、卫星、小行星、彗星以及星际尘埃和气体。太阳是这个系统的中心，它强大的引力使所有这些天体都围绕它运行。

mǎn tiān xīng
满天星

wàng yuè kōng　mǎn tiān xīng
望月空，满天星，

guāng shǎn shǎn　liàng jīng jīng
光闪闪，亮晶晶，

hǎo xiàng nà　xiǎo yín dēng
好像那，小银灯。

zǐ xì kàn　kàn fēn míng
仔细看，看分明，

dà dà xiǎo xiǎo　mì mì má má
大大小小，密密麻麻，

shǎn shǎn shuò shuò shǔ yě shǔ bù qīng
闪闪烁烁，数也数不清。

实践训练

yī shuō yi shuō
一、说一说

shuō chū yǐ xià xíng xīng de míng chēng bìng shuō shuo tā men de tè diǎn
说出以下行星的名称，并说说它们的特点。

èr jiǎng yi jiǎng
二、讲一讲

zài lǎo shī de dài lǐng xià liǎo jiě jiǔ dà xíng xīng biàn chéng bā dà xíng xīng de yuán yīn yòng zì jǐ de huà gěi dà jiā jiè shào yí xià
在老师的带领下了解九大行星变成八大行星的原因，用自己的话给大家介绍一下。

hěn jiǔ yǐ qián wǒ men de tiān kōng zhōng yǒu jiǔ gè dà dà de péng
很久以前，我们的天空中有九个大大的朋

友，它们都围绕着我们的太阳转圈圈。这些朋友我们叫作“行星”。它们是水星、金星、地球、火星、木星、土星、天王星、海王星和冥王星。但是，科学家们后来发现，冥王星和其他八个朋友有一些不一样。它太小了，而且它周围的空间里还有很多其他的小石头。因此，科学家们认为，冥王星不应该再和那八个大朋友一起被称为“行星”了。他们给冥王星起了一个新的名字，叫作“矮行星”。所以，现在我们的天空中只有八个大行星了，它们还是继续绕着太阳转圈圈，而冥王星也还在天空中，只是它的名字和分类变了。这样，我们的太阳系就变成了八大行星，而不是九大行星了。

三、比一比

在老师的组织下进行一个比赛，即快速说出不同星体的名字和特征。

“最懒”的行星

在太阳系里，有一颗被称为“最懒”的行星，它就是天王星。因为它的自转轴几乎“平躺”在它绕太阳转的轨道上，就像一个躺在地上的滚筒，而这就意味着，天王星的两极几乎是直接面对太阳的，它的赤道是“躺”着的。因此，天王星被大家称作“最懒”的行星。这种奇特的自转方式让天王星的昼夜时间变得不同。在天王星上，一天可以很长，也可以很短。

学习评价

学习目标	学习评价
语音基础	☆☆☆☆☆
语言表达	☆☆☆☆☆
思维逻辑	☆☆☆☆☆
综合展示	☆☆☆☆☆

第十六课　名胜古迹我来说

课前阅读

中国有许多名胜古迹，每一个都讲述着不同的故事。例如，长城是世界上最长的城墙，好似一条巨龙蜿蜒在中国的北方，这座古老的建筑是古代中国人为了保护国家免受侵略而修建的。北京故宫是明清两代的皇宫，它曾经是中国皇帝居住的地方。兵马俑位于西安，是秦始皇陵陪葬坑中的军事阵列，数千个泥塑的士兵和马匹排成整齐的队列，仿佛在保护着这位古代的皇帝。桂林有奇特的山峰和清澈的河流，风景如画，有着“桂林山水甲天下”的美誉。

基础训练

cháng chéng cháng
长 城 长

cháng chéng cháng　chéng qiáng cháng
长 城 长 ， 城 墙 长 ，

cháng cháng cháng chéng cháng chéng qiáng
长长长城长城墙，
chéng qiáng cháng cháng chéng cháng cháng
城墙长长城长长。

实践训练

yī　tú yi tú
一、涂一涂

gěi xià miàn de tú piàn tú sè，bìng shuō yi shuō tā men de tè zhēng。
给下面的图片涂色，并说一说它们的特征。

èr　jiǎng yi jiǎng
二、讲一讲

yǐ xiǎo xiǎo jiǎng jiě yuán de shēn fèn，dài lǐng dà jiā cān guān wǔ hóu cí。
以小小讲解员的身份，带领大家参观武侯祠。

wǔ hóu cí
武侯祠

xiǎo péng yǒu men，dà jiā hǎo！jīn tiān wǒ men yào yì qǐ qù cān
小朋友们，大家好！今天我们要一起去参

观游览武侯祠！

走进武侯祠，你会看到红墙绿瓦的房子。这里的建筑特别漂亮！房子外面有大大的红墙，像披了一件鲜艳的红外套。墙上还有绿色的瓦片，绿意盎然，特别有趣！

在这里你会发现，武侯祠的入口有一个高高的门楼，就像是大门口的守卫一样。门楼上面有很多彩色的图案，叫作“彩绘”，这些图案画的都是好玩的故事，看了让人忍不住多看几眼！走进院子，你会看到很多大红色的柱子，它们支撑着屋顶，就像是大树的枝干一

样。柱子又圆又粗，摸起来滑滑的，非常舒服。武侯祠里还有很多小庭院，每个庭院都有自己的名字。有的庭院里种满了花花草草，还有的小庭院里有美丽的小池塘，像是花园一样漂亮。在这些庭院里，你可以走走停停，发现很多有趣的地方。

三、试一试

模仿以下示例，选择一个你熟悉的名胜古迹给大家介绍一下。

熊猫基地

熊猫基地是四川一个非常特别的地方，它专门保护和照顾我们的国宝大熊猫。这里环境优美，像是一个大型的森林乐园。这里不仅有大熊猫，还有一些小熊猫。小熊猫的样子和大熊猫有点像，但它们的颜色是红棕色的，体型也比大熊猫小很多。

熊猫基地还划分了很多区域，里面不仅有

guān yú xióng māo shēng huó xí xìng de kē pǔ bó wù guǎn hái yǒu tài yáng chǎn
关于熊猫生活习性的科普博物馆，还有太阳产
fáng yuè liang chǎn fáng xióng māo chú fáng děng kě yǐ ràng rén men quán fāng
房、月亮产房、熊猫厨房等，可以让人们全方
wèi liǎo jiě dà xióng māo de yī shí zhù xíng
位了解大熊猫的衣食住行。

中国名楼

中国有许多名楼，如黄鹤楼、岳阳楼、滕王阁和蓬莱阁等。这四座楼阁不仅是古代建筑艺术的杰出代表，更是中华文化的璀璨明珠，每一座都承载着厚重的历史文化。

黄鹤楼位于武汉的长江边上，传说很久以前，有一位仙人骑着黄鹤在这里飞过，因此得名黄鹤楼。岳阳楼坐落在湖南的洞庭湖畔，古代文人墨客尤喜游览此处，欣赏湖上的帆船和远处的山脉。宋代著名文学家范仲淹曾写下《岳阳楼记》，描述了岳阳楼的美景和他的感受。滕王阁

位于江西南昌，是江南地区著名的古建筑，唐代文学家王勃创作了一篇《滕王阁序》，描述了滕王阁的美丽景色和热闹的宴会场景。

学习评价

学习目标	学习评价
语音基础	★★★★★
语言表达	★★★★★
思维逻辑	★★★★★
综合展示	★★★★★

第十七课　世界奇迹大揭秘

课前阅读

世界奇迹是指那些令人惊叹的建筑和景观，它们是人类智慧和创造力的象征。有些奇迹诞生于几千年前的古代文明时期，比如埃及的金字塔，这是世界上最古老的奇迹之一。胡夫金字塔是古埃及第四王朝法老的陵墓，高大而神秘，让人们惊叹古人居然能用简单的工具完成如此宏伟的工程。

中国的秦始皇陵兵马俑、古希腊的宙斯神像和巴比伦空中花园等，都是古代世界的奇迹。它们不仅美丽壮观，还有着丰富的历史故事，承载着不同时代的文明。

shì jiè de qí jì
世界的奇迹

shì jiè de qí jì, dào chù dōu yǒu,
世界的奇迹，到处都有，

āi jí de jīn zì tǎ, shì gǔ lǎo de jiàn zhèng。
埃及的金字塔，是古老的见证。

zhōng guó de cháng chéng shì wēi é de píng zhàng
中国的长城，是巍峨的屏障。

yìn dù de tài jī líng shì ài qíng de jì niàn
印度的泰姬陵，是爱情的纪念。

bā lí de āi fēi ěr tiě tǎ shì làng màn de xiàng zhēng
巴黎的埃菲尔铁塔，是浪漫的象征。

实践训练

yī shuō yi shuō
一、说一说

zhōng guó yōng yǒu zhòng duō lìng rén zhǔ mù de shì jiè qí jì zhè xiē qí jì bù jǐn zhǎn shì le zhōng guó gǔ dài wén míng de huī huáng yě tǐ xiàn le zhōng huá mín zú zhì huì hé chuàng zào lì de fēi fán chéng jiù qǐng jiè shào zhōng guó de yí gè shì jiè qí jì

中国拥有众多令人瞩目的世界奇迹，这些奇迹不仅展示了中国古代文明的辉煌，也体现了中华民族智慧和创造力的非凡成就。请介绍中国的一个世界奇迹。

èr shì yi shì
二、试一试

cān zhào xià miàn de gǎo jiàn zhǔ chí yí dàng shì jiè qí jì dà

参照下面的稿件，主持一档《世界奇迹大

揭秘》节目。

世界奇迹大揭秘

小朋友们，大家好！欢迎来到《世界奇迹大揭秘》节目，我是你们的好朋友！今天我将带你们一起穿越时空，去探索古代的世界奇迹啦！你们准备好了吗？

首先，我们要去的地方是埃及的吉萨高原，那里有金字塔。金字塔是由古埃及人建造的，是他们用石头一块一块堆起来的，听说堆了四千多年呢！是不是很不可思议？接下来，我们要飞到希腊的雅典，去看那里的神庙。那些神庙是古代人用来祭祀神灵的地方，建筑非常雄伟，柱子又高又直，就像一个个巨人一样。此外，我们还要去罗马，看看那座令人惊叹的大斗兽场！古罗马人用它来举行角斗士比赛，你可以在电视屏幕上看到，他们是怎么在那么多观众面前展现勇敢的。

今天的《世界奇迹大揭秘》就到这里啦，

希望你们和我一样，都学到了很多新知识。下期节目，我们会探索更多有趣的地方，小朋友们再会！

三、讲一讲

假如你现在是一名小导游，请你选择一个你最熟悉的地方，带着家人们去旅游吧！

例如：

亲爱的小朋友们，欢迎你们来到故宫！故宫是我们中国非常有名的地方，这里有很多漂亮的房子和神秘的故事。

你们知道吗，故宫有超过九千个房间呢！每个房间都有自己的名字。有的叫太和殿，是古代皇帝举行大典的地方；有的叫乾清宫，是

huáng dì jū zhù hé gōng zuò de dì fang
皇帝居住和工作的地方。

zài gù gōng li wǒ men hái kě yǐ kàn dào hěn duō měi lì de huā
在故宫里，我们还可以看到很多美丽的花
yuán huā yuán li yǒu wǔ yán liù sè de huā duǒ hé lǜ yóu yóu de shù
园。花园里有五颜六色的花朵和绿油油的树
mù niǎor zài zhè lǐ gē chàng hú dié zài huā jiān fēi wǔ zhēn shì
木，鸟儿在这里歌唱，蝴蝶在花间飞舞，真是
yí gè měi lì de dì fang
一个美丽的地方！

rú guǒ nǐ men zǐ xì guān chá hái huì fā xiàn gù gōng de měi yí
如果你们仔细观察，还会发现故宫的每一
gè jiǎo luò dōu yǒu xiǎo dòng wù de diāo kè yǒu de shì lóng yǒu de shì
个角落都有小动物的雕刻，有的是龙，有的是
fèng zhè xiē dōu shì gǔ dài huáng quán de xiàng zhēng zhàn zài zhè lǐ jiù
凤，这些都是古代皇权的象征。站在这里，就
xiàng zǒu jìn le yí gè gǔ lǎo de gù shi lǐ miàn
像走进了一个古老的故事里面。

xī wàng nǐ men zài gù gōng wán de kāi xīn néng dài huí xǔ duō měi
希望你们在故宫玩得开心，能带回许多美
hǎo de huí yì
好的回忆！

学习评价

学习目标	学习评价
语音基础	☆☆☆☆☆
语言表达	☆☆☆☆☆
思维逻辑	☆☆☆☆☆
综合展示	☆☆☆☆☆

美育小课堂二　自然美

一、美育知识

为什么向日葵向着太阳转?

植物的向性运动可分为向光性、向地性和向触性，向日葵花的向阳是典型的向光性运动。在阳光的照射下，向日葵背光一面的生长素含量升高，刺激背光面细胞拉长，从而慢慢地向太阳转动。在太阳落山后，生长素重新分布，又使向日葵慢慢地转回起始位置，也就是东方。但是，向日葵花盘一旦盛开，就不再向日转动，而是固定朝向东方了。

二、美育实践

（一）文段阅读

自然界不需要人为地修饰或改变，以它固有的形态展现出令人惊叹的美。山的雄伟、水的清澈、花的绚烂、云的变幻……这些都是自然赋予的无与伦比的感官享受。

这种美是真实的、原生态的、不加修饰的纯净之美。在快节奏的现代生活中，自然给人类提供了一个回归平静的港湾。

（二）户外实践

大自然的小小记者

大家好，欢迎收看《自然科学》特别节目，我是外景主持人小风。你能看到风吗？我能——你看那边被风吹动的树叶，被风支撑飞起的风筝，风的力量描绘着夏天的画卷。

您好，我是小记者，请问您有时间接受我的采访吗？

____

____

____

第三单元　社会美

亲爱的小朋友们，你们好，我是金熊猫！

这个单元我们要去探索一个充满温暖和善意的地方，它就是我们每天工作、学习和生活所处的环境——社会。

其实，社会中也有很多的美值得被看到。它既可以是人们之间互相帮助、分享快乐的场景，也可以是社区里的和谐与友爱，甚至是你们在学校里和朋友们一起度过的美好时光。

接下来，让我们一起走进那些乐于助人、勇于奉献和遵守社会秩序的故事。这些故事之所以值得我们学习，是因为社会中需要这样的行为作为榜样，来规范和激励人们。

小朋友们也可以从小事做起，比如帮助同学、尊重老师、关心家人，每一个小小的举动都能让社会变得更加美好、温暖、和谐。

第十八课　我的家庭

家庭作为社会的基本单位，具有重要的地位和作用。家庭是人们获得情感支持和爱的主要来源。家庭也是文化观传承的重要载体。爸爸妈妈通过家庭活动和故事引导我们了解自己的文化背景、历史和传统，培养我们的身份认同感。家庭就像是一个温暖的小港湾，帮助我们成长，让我们感受到爱与温暖。

基础训练

dà mài hé xiǎo mài
大麦和小麦

dà mèi hé xiǎo mèi, yì qǐ qù shōu mài.
大妹和小妹，一起去收麦。

dà mèi gē dà mài, xiǎo mèi gē xiǎo mài.
大妹割大麦，小妹割小麦。

dà mèi bāng xiǎo mèi tiāo xiǎo mài, xiǎo mèi bāng dà mèi tiāo dà mài.
大妹帮小妹挑小麦，小妹帮大妹挑大麦。

dà mèi xiǎo mèi shōu wán mài, pī pī pā pā qí dǎ mài.
大妹小妹收完麦，噼噼啪啪齐打麦。

实践训练

yī　huà yi huà
一、画一画

zài tú zhōng huà chū zì jǐ de jiā tíng chéng yuán
在图中画出自己的家庭成员。

èr　shuō yi shuō
二、说一说

jiè shào zì jǐ de jiā tíng chéng yuán，bāo kuò tā men de míng zi、nián líng hé ài hào，yǐ jí tā men zài nǐ chéng zhǎng guò chéng zhōng duì nǐ de yǐng xiǎng。
介绍自己的家庭成员，包括他们的名字、年龄和爱好，以及他们在你成长过程中对你的影响。

lì rú：《wǒ de mā ma》。
例如：《我的妈妈》。

wǒ de mā ma hěn piào liang，xiàng tóng huà li de gōng zhǔ。tā yǒu yì shuāng wēn róu de dà yǎn jing，zǒng shì xiào mī mī de kàn zhe wǒ。mā
我的妈妈很漂亮，像童话里的公主。她有一双温柔的大眼睛，总是笑眯眯地看着我。妈妈的怀里很暖和，每当我难过的时候，她都会抱住我，轻轻拍拍我的背，让我感觉很安全。妈妈还会做很多好吃的饭菜，我最喜欢她做的番茄炒蛋，味道棒极了！当我遇到困难时，妈妈会一边耐心地教我，一边鼓励我。妈妈很爱我，我也很爱她，她是世界上最好的妈妈。

三、读一读

有感情地朗读下面的儿歌。

jiā
家

jiā shì yì duǒ huā
家是一朵花，
fēn fāng piāo mǎn huái
芬芳飘满怀。
mā ma shì huā bàn
妈妈是花瓣，
wèi wǒ zhē fēng dǎng yǔ
为我遮风挡雨。
bà ba xiàng huā zhī
爸爸像花枝，
bǎo hù wǒ ān wěn
保护我安稳。
wǒ hé dì di shì huā yá
我和弟弟是花芽，
zài ài de gǎng wān li kuài lè zhǎng dà
在爱的港湾里快乐长大。

měi tiān yì qǐ zuò yóu xì
每天一起做游戏，
xiào shēng rú fēng líng qīng yáo
笑声如风铃轻摇。
zài wǒ jiā kuài lè hěn duō
在我家，快乐很多，
ài de xiǎo chuán yǒng bù chén
爱的小船永不沉。

jiā shì wēn nuǎn de yáng guāng
家是温暖的阳光，
jiā shì xìng fú de gǎng wān
家是幸福的港湾。
zài wǒ xīn lǐ shǎn shǎn liàng
在我心里闪闪亮，

yǒng yuǎn dōu shì ài de fāng xiàng
永远都是爱的方向。

家风

家风是指一个家庭在长期的生活与交往过程中形成的特定风俗、传统和道德规范，它体现了家庭成员的价值观、行为规范和生活方式。家风在家庭教育中起着重要的作用，对家庭成员的品德、行为举止以及社会责任感都有深远影响。

曾参是中国历史上著名的教育家和思想家，他在《礼记·大学》中提到的“修身齐家治国平天下”反映了他对家风的重视。儒家文化强调家庭的和谐与道德，尊重长辈、友爱兄弟成为儒家家风的重要内容。

家风作为家庭文化的重要组成部分，不仅影响着家庭成员的成长与发展，也在更广泛的社会领域中发挥着重要作用。良好的家风有助于培养学生优秀的品德和社会责任感，是家庭和社会和谐发展的基础。

学习评价

学习目标	学习评价
语音基础	☆☆☆☆☆
语言表达	☆☆☆☆☆
思维逻辑	☆☆☆☆☆
综合展示	☆☆☆☆☆

第十九课　感恩的心

课前阅读

春秋时期，俞伯牙擅长弹奏琴弦，钟子期擅长听音辨意。一次，伯牙奉国君之命出使楚国。八月十五那天，他乘船来到了汉阳江边。遇风浪，停泊在一座小山下。晚上，风浪渐渐平息，云开月出，景色迷人。伯牙琴兴大发，拿出古琴弹奏起来。樵夫钟子期听到他的琴声后停下来欣赏，称赞其琴声美妙，并能准确理解伯牙琴曲中的意旨和情趣。二人因此结为知音，并约定来年再相会论琴。然而第二年伯牙来会子期时，得知子期已因病去世。伯牙痛惜伤感，摔破古琴，从此不再抚弦弹奏，以纪念平生难得的知音。

基础训练

gǎn ēn de xīn

感恩的心

xiǎo xīng xing liàng jīng jīng　gǎn ēn de xīn zuì chún jìng

小星星亮晶晶，感恩的心最纯净，

bà ba mā ma yǎng yù wǒ, xīn qín fù chū bù yán tíng.
爸爸妈妈养育我，辛勤付出不言停。
lǎo shī jiāo wǒ xué zhī shi, péng you bàn wǒ gòng chéng zhǎng,
老师教我学知识，朋友伴我共成长，
gǎn xiè shēn biān měi gè rén, xìng fú shēng huó xīn zhōng cáng.
感谢身边每个人，幸福生活心中藏。

实践训练

yī shuō yi shuō
一、说一说

shēng huó zhōng nǐ xiǎng yào gǎn xiè nǎ xiē rén ne? wèi shén me?
生活中你想要感谢哪些人呢？为什么？

èr dú yi dú
二、读一读

dú xià miàn de gù shi, bìng shuō shuo xiǎo yáng shì zěn me bào ēn de.
读下面的故事，并说说小羊是怎么报恩的。

yáng gāo guì rǔ
羊羔跪乳

hěn jiǔ yǐ qián, yì zhī mǔ yáng shēng le yì zhī xiǎo yáng gāo. yáng mā ma fēi cháng téng ài xiǎo yáng, wǎn shang shuì jiào ràng tā yī wēi zài shēn biān, yòng shēn tǐ nuǎn zhe xiǎo yáng, ràng xiǎo yáng shuì de yòu shú yòu xiāng. bái tiān chī cǎo, yòu bǎ xiǎo yáng dài zài shēn biān, xíng yǐng bù lí.
很久以前，一只母羊生了一只小羊羔。羊妈妈非常疼爱小羊，晚上睡觉让它依偎在身边，用身体暖着小羊，让小羊睡得又熟又香。白天吃草，又把小羊带在身边，形影不离。

yù dào bié de dòng wù qī fu xiǎo yáng, yáng mā ma huì yòng jī jiǎo dǐ kàng, bǎo hù xiǎo yáng.
遇到别的动物欺负小羊，羊妈妈会用犄角抵抗，保护小羊。

yí cì, yáng mā ma zhèng zài wèi xiǎo yáng chī nǎi, yì zhī mǔ
一次，羊妈妈正在喂小羊吃奶，一只母

鸡走过来说："羊妈妈，近来你瘦了很多，吃上的东西都让小羊咂去了。你看我，从来不管小鸡们的吃喝，全由它们自己去扑腾哩。"

羊妈妈讨厌母鸡的话，就不客气地说："你多嘴多舌，搬弄是非，到头来犯下拧脖子的死罪，还得挨一刀，对你有啥好处？"

气走母鸡后，小羊说："妈妈，您对我这样疼爱，我怎样才能报答您的养育之恩呢？"

羊妈妈说："我什么也不要你报答，只要你有这一片孝心就心满意足了。"

小羊听后，不觉流下泪，"扑通"跪倒在地，表示难以报答慈母的一片深情。

从此，小羊每次吃奶都是跪着的。它知道是妈妈用奶水喂大它的，跪着吃奶是感激妈妈的哺乳之恩。

感恩的节日

在中国，用来表达感谢之情的节日有很多，人们通常以特定的主题和形式来向特定的人群表达敬意和感激。例如，母亲节、父亲节、教师节、医师节等。

母亲节是一个感恩母亲的节日。它起源于美国，随后在中国也广泛流传。在母亲节这天，国内一些地方也会举办各种活动，以弘扬孝道文化。重阳节，又称老人节，是专门用来尊敬和感恩长辈的节日。人们在重阳节这一天通过登高、吃重阳糕、赏菊花等方式表达对长者的敬意和感恩。中国医师节设立于2017年，为每年的8月19日。其设立是为了感谢和表彰医师们为人民群众健康所做出的贡献，营造尊医重卫的良好氛围。

学习评价

学习目标	学习评价
语音基础	★★★★★
语言表达	★★★★★
思维逻辑	★★★★★
综合展示	★★★★★

第二十课　节日庆典

课前阅读

中国是一个多民族的国家，除了传统的法定节假日外，各个民族都有着自己的民族节日。例如，蒙古族的那达慕大会、傣族的泼水节、彝族的火把节等。这些节日是各少数民族的大型庆典，不仅丰富了中国的传统文化，也促进了各民族之间的交流和融合，吸引着世界各国的人们前来观赏。

基础训练

wǔ lóng dēng
舞龙灯

dōng dōng qiāng, dōng dōng qiāng, lóng dēng wǔ de huān.
咚咚锵，咚咚锵，龙灯舞得欢。

lóng dēng cháng, liàng shǎn shǎn, yáo tóu yòu bǎi wěi.
龙灯长，亮闪闪，摇头又摆尾。

xiǎo péng yǒu, hā hā xiào, zhuī zhe lóng dēng pǎo.
小朋友，哈哈笑，追着龙灯跑。

chuán tǒng wén huà hǎo, wǔ lóng zhēn rè nao!
传统文化好，舞龙真热闹！

实践训练

yī　liányilián
一、连一连

bǎ xià miàn de jié rì hé jié rì qī jiān suǒ zuò de huó dòng lián qǐ lái
把下面的节日和节日期间所做的活动连起来。

春节

元宵节

端午节

中秋节

吃汤圆

吃月饼

放鞭炮

吃粽子

二、讲一讲

èr jiǎng yi jiǎng

shuō yi shuō duān wǔ jié zhōng qiū jié chūn jié de xí sú

说一说端午节、中秋节、春节的习俗。

吃粽子和盐蛋

插艾草

佩香囊

点雄黄酒

赛龙舟

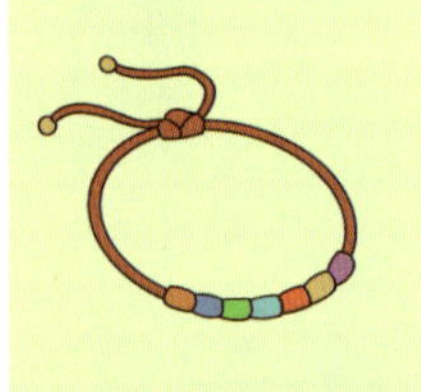
戴五彩绳

放风筝

挂钟馗画像

吃月饼

赏花灯

嫦娥奔月

玉兔捣药

赏月

吴刚伐桂

月饼起义

喝桂花酒

扫尘

祭祖

贴春联

放爆竹

包饺子

走亲戚

迎财神

年夜饭

sān　dú yi dú
三、读一读

lǎng dú xià miàn de shī gē　sī kǎo tā men fēn bié duì yìng shén me jié rì
朗读下面的诗歌，思考它们分别对应什么节日。

yuán rì
元日

sòng　wáng ān shí
宋·王安石

bào zhú shēng zhōng yí suì chú　chūn fēng sòng nuǎn rù tú sū
爆竹声中一岁除，春风送暖入屠苏。
qiān mén wàn hù tóng tóng rì　zǒng bǎ xīn táo huàn jiù fú
千门万户曈曈日，总把新桃换旧符。

jiǔ yuè jiǔ rì yì shān dōng xiōng dì
九月九日忆山东兄弟

táng　wáng wéi
唐·王维

dú zài yì xiāng wéi yì kè　měi féng jiā jié bèi sī qīn
独在异乡为异客，每逢佳节倍思亲。
yáo zhī xiōng dì dēng gāo chù　biàn chā zhū yú shǎo yì rén
遥知兄弟登高处，遍插茱萸少一人。

四、想一想
sì xiǎng yi xiǎng

zhōng guó de chuán tǒng jié rì hái yǒu nǎ xiē zài nà yì tiān rén men dōu shì zěn me dù guò de

中国的传统节日还有哪些？在那一天人们都是怎么度过的？

拓展阅读

少数民族的传统节日

每年农历六月二十四日，是彝族人民最盛大的传统节日——彝族火把节。节日期间，人们会点燃火把，举办摔跤、斗牛、歌舞等活动，以此庆祝丰收和祈求平安。火把节的夜晚，熊熊燃烧的火把照亮整个村寨，人们伴随着欢快的歌舞，场面非常壮观。

傣族的泼水节，相当于傣历的新年，一般在公历四月中旬举行。泼水节是傣族人民最隆重的节日之一，也是云南少数民族中影响最大、参加人数最多的节日。节日期间，人们会相互泼水，以表达祝福和洗去旧年的霉运。此外，还有赛龙舟、放高升等传统活动，整个节日洋溢着欢乐和祥和的气氛。

藏族的藏历新年，是藏族人民最重要的传统节日之一，一般在藏历正月初一庆祝。节日期间，藏族人民会穿上节日的盛装，举行盛大的庆祝活动。他们会互相拜年、互赠哈达，还会进行赛马、跳锅庄舞等体育活动。藏历新年的庆祝活动丰富多彩，具有浓厚的民族特色。

学习评价

学习目标	学习评价
语音基础	☆☆☆☆☆
语言表达	☆☆☆☆☆
思维逻辑	☆☆☆☆☆
综合展示	☆☆☆☆☆

第二十一课　交通安全在我心

课前阅读

20世纪80年代，中国开始对交通安全设施和系统进行研究，初期主要结合中国国情和道路特点，对交通安全设施的材料、结构、形式和设计原则等开展研究。经过40多年的发展，中国已经在规划、管理、设计、工程、制造、科研等方面取得了巨大的进步，探索出了符合中国国情的交通安全系统和设施。

基础训练

jiāo tōng huān lè yáo
交通欢乐谣

hóng dēng hóng, xiàng píng guǒ; lǜ dēng lǜ, qīng wā tiào;
红灯红，像苹果；绿灯绿，青蛙跳；

huáng dēng huáng, dàn huáng xiào。xiǎo qì chē, dǎ lǎ ba;
黄灯黄，蛋黄笑。小汽车，打喇叭；

zì xíng chē, dīng líng líng; gōng jiāo chē, dū dū xiǎng。
自行车，叮铃铃；公交车，嘟嘟响。

guò lù yào qiān mā ma shǒu, lǜ dēng liàng le cái néng zǒu!
过路要牵妈妈手，绿灯亮了才能走！

实践训练

yī rèn yi rèn
一、认一认

xià miàn tú piàn de nèi róng hé jiāo tōng ān quán yǒu shén me guān xì
下面图片的内容和交通安全有什么关系？
xiǎng yi xiǎng nǐ zài shén me dì fang jiàn guò tā men
想一想你在什么地方见过它们？

èr shuō yi shuō
二、说一说

jiāo tōng ān quán fēi cháng zhòng yào guān xì dào wǒ men měi gè rén
交通安全非常重要，关系到我们每个人
de shēng mìng rèn yi rèn xià miàn de biāo zhì shuō yi shuō tā men de hán
的生命。认一认下面的标志，说一说它们的含
yì
义。

sān dú yi dú
三、读一读

yǒu gǎn qíng de lǎng dú xià miàn de ér gē
有感情地朗读下面的儿歌。

jiāo tōng ān quán gē
交通安全歌

xiǎo péng yǒu men tīng yi tīng
小朋友们听一听，

jiāo tōng guī zé yào jì qīng
交通规则要记清。

hóng dēng tíng lǜ dēng xíng
红灯停，绿灯行，

huáng dēng liàng le děng yi děng
黄灯亮了等一等。

zǒu guò mǎ lù yào kàn qīng
走过马路要看清，

yòu biān zǒu bú luàn chōng
右边走，不乱冲。

rén xíng dào shang zuì ān quán
人行道上最安全，

xiǎo shǒu lā jǐn dà rén shǒu
小手拉紧大人手。

qí chē màn xíng yào xiǎo xīn
骑车慢行要小心，

tóu kuī dài hǎo hù nǎo mén
头盔戴好护脑门。

bù chuǎng hóng dēng bú luàn pǎo
不闯红灯不乱跑，

rén rén zūn shǒu dōu ān quán
人人遵守都安全。

jiāo tōng guī zé yào xué hǎo
交通规则要学好，

ān quán chū xíng zuì jiāo ào
安全出行最骄傲。

拓展阅读

全国交通安全日

全国交通安全日为每年的12月2日。我国于1994年开通并投入使用道路交通事故报警电话“122”，群众对此认知较高，因此将12月2日设为全国交通安全日，以方便记忆和宣传。国家设立全国交通安全日，对促进道路安全畅通、推动社会文明进步、加强社会公德建设产生了深远的影响。

学习评价

学习目标	学习评价
语音基础	☆☆☆☆☆
语言表达	☆☆☆☆☆
思维逻辑	☆☆☆☆☆
综合展示	☆☆☆☆☆

第二十二课　城市建筑师

课前阅读

城市建设就像是给我们的家园搭建一个更大的“家”。通过建造城市，人们可以有更多的地方居住、更多的医院看病、更多的公园和游乐场休闲娱乐。城市里的道路和公共交通工具能帮助我们更方便地到达我们想去的地方。城市建设的另一个重要意义是保护我们生活的环境，通过规划，可以减少污染、增加绿化面积，让空气更清新、生活环境更美好。此外，城市建设还可以帮助我们更有效地利用资源，比如节约用水和用电。

bái shí tǎ
白石塔

bái shí tǎ　bái shí dā
白石塔，白石搭，
bái shí dā shí tǎ　bái tǎ bái shí dā
白石搭石塔，白塔白石搭。

dā hǎo bái shí tǎ， bái tǎ bái yòu huá。
搭好白石塔，白塔白又滑。

实践训练

yī rèn yi rèn
一、认一认

xià miàn tú piàn zhōng de wù pǐn shì shén me？ tā men dōu yǒu shén me yòng tú？
下面图片中的物品是什么？它们都有什么用途？

èr shuō yi shuō
二、说一说

nǐ zhī dào gài yí dòng lóu fáng dōu xū yào shén me gōng jù ma？ gǎn kuài gěi dà jiā jiè shào yí xià ba。
你知道盖一栋楼房都需要什么工具吗？赶快给大家介绍一下吧。

jiàn zhù gōng dì shang yǒu hěn duō yǒu qù de gōng jù， tā men bāng zhù gōng rén shū shu jiàn zào gāo lóu dà shà。 yǒu de xiàng dà shǒu bì， jiào qǐ
建筑工地上有很多有趣的工具，它们帮助工人叔叔建造高楼大厦。有的像大手臂，叫起重机，可以举起很重的东西；有的像锤子，叫铁锤，用来敲打钉子；还有的像轮子，叫手推车，用来搬运东西。工人叔叔还会用到锯子，像魔法一样把木头切成想要的形状。还有搅拌机，它可以把沙子、水泥和水混合在一起，变成建造房子的混凝土。这些工具都是工人叔叔的好帮手，能让我们的城市变得更加美丽。

三、想一想

1.你喜欢什么样的建筑物？

例如：高高的楼房，漂亮的桥梁，还是大大的公园？

2.建筑师叔叔/阿姨是怎么设计房子的？

例如：他们是用画笔画图，还是用电脑设计？

3.你觉得建筑师在建房子的时候需要什么工具？

例如：大大的铲子、画图的笔，或者其他有趣的工具？

rú guǒ nǐ shì jiàn zhù shī　nǐ huì jiàn shén me yàng de fáng zi

4.如果你是建筑师，你会建什么样的房子？

lì rú　huì jiàn yí gè yǒu hěn duō huá tī de yóu lè chǎng　hái shi yí gè huì fēi de fáng zi

例如：会建一个有很多滑梯的游乐场，还是一个会飞的房子？

jiàn zhù shī shū shu　ā yí zài gōng zuò de shí hou huì zuò shén me

5.建筑师叔叔/阿姨在工作的时候会做什么？

lì rú　tā men huì liáng chǐ cùn　huà tú　hái shi qù gōng dì kàn fáng zi

例如：他们会量尺寸、画图，还是去工地看房子？

nǐ jué de jiàn zhù shī shén me shí hou zuì kāi xīn

6.你觉得建筑师什么时候最开心？

lì rú　kàn dào zì jǐ shè jì de fáng zi jiàn hǎo　hái shi hé péng you men yì qǐ gōng zuò

例如：看到自己设计的房子建好，还是和朋友们一起工作？

sì　dú yi dú

四、读一读

lǎng dú xià miàn de duàn luò　bìng xiàng dà jiā jiè shào yí gè nǐ shú xi de jiàn zhù

朗读下面的段落，并向大家介绍一个你熟悉的建筑。

gù gōng

故宫

gù gōng yě chēng zǐ jìn chéng　shì míng qīng liǎng dài huáng dì de huáng gōng　jiàn chéng yú míng cháo yǒng lè shí bā nián　shì zhōng

故宫也称紫禁城，是明清两代皇帝的皇宫，建成于明朝永乐十八年（1420年），是中国古代建筑的杰作，也是世界现存最大、最完整的木结构古建筑群。

故宫红墙金瓦，巍峨壮丽，气象万千。从天安门广场跨过金水桥去游览故宫，映入眼帘的是午门。午门是故宫的正门，重檐飞翘，黄瓦红墙，雄伟壮观。广场上铺设着古老的青石板，历史的厚重感扑面而来。

建筑的分类

建筑是我们生活中各种构筑物和建筑物的总称，它们可以按不同的方法来分类，每类建筑都有自己的特点和用途。按不同的使用功能，建筑可分为住宅建筑、公共建筑、工业建筑、农业建筑等。

首先，我们住的房子，叫住宅建筑，包括公寓、别墅和普通的家庭住房，是我们日常生活的地方；其次，我们学习和工作的地方，如学校、办公楼等，称为公共建筑，为我们的学习、工作和购物等提供了空间；再次，一些专门用于工业性生产的建筑，比如生产车间、辅助车间、动力用房、仓储建筑等，称为工业建筑，为各类工业生产提供了必要的场所和设施；最后，还有以农业性生产为主要使用功能的建筑，如温室、畜禽饲养场、粮食与饲料加工站、农机修理站等。

学习评价

学习目标	学习评价
语音基础	☆☆☆☆☆
语言表达	☆☆☆☆☆
思维逻辑	☆☆☆☆☆
综合展示	☆☆☆☆☆

第二十三课　文明行为督导员

课前阅读

文明行为是指尊重他人、关心社会、保护环境的积极行为。文明行为不仅仅是简单礼貌的用语或举止，还包括我们在日常生活中的各种良好习惯。

例如，看到有人需要帮助时，主动伸出援手是一种文明行为；在公共场所保持安静、不大声喧哗，是对他人和环境的尊重；排队时不插队，体现了我们对规则的遵守和对他人的尊重；在家里尊敬长辈，在学校听从老师的教导，也是文明行为的一种表现。文明行为还体现在保护环境上，比如不乱扔垃圾、节约用水用电、爱护公物等。这些行为不仅让我们生活的环境更加美好，也表明了我们关心和维护社会的态度。

基础训练

jiē shuǐ
接水

wēi wēi wěi wěi hé wèi wèi ná zhe shuǐ bēi qù jiē shuǐ
威威、伟伟和卫卫，拿着水杯去接水。

wēi wēi ràng wěi wěi wěi wěi ràng wèi wèi
威威让伟伟，伟伟让卫卫，

wèi wèi ràng wēi wēi méi rén xiān jiē shuǐ
卫卫让威威，没人先接水。

yī èr sān pái hǎo duì
一二三，排好队，

yí gè yí gè lái jiē shuǐ
一个一个来接水。

实践训练

yī zhǎo yi zhǎo
一、找一找

zhǎo chū xià liè tú piàn zhōng bù wén míng de xíng wéi shuō yi shuō shēng huó zhōng hái yǒu nǎ xiē bù wén míng xíng wéi
找出下列图片中不文明的行为，说一说生活中还有哪些不文明行为。

èr dú yi dú
二、读一读

yǒu gǎn qíng de lǎng dú xià miàn de ér gē
有感情地朗读下面的儿歌。

wén míng gē
文明歌

chī fàn màn jiā cài qīng
吃饭慢，夹菜轻，

bì shàng zuǐ ba shēng yīn jìng
闭上嘴巴声音静。

pái duì yǒu xù bié tuī sǎng
排队有序别推搡，

qián hòu xiāng gé bù yōng jǐ
前后相隔不拥挤。

lǐ mào xíng wéi yào jiàn xíng
礼貌行为要践行，

xiǎo huā xiǎo cǎo xū ài xī
小花小草需爱惜。

lā jī fēn lèi wǒ xiān xíng
垃圾分类我先行，

qǐng hé xiè xie bú wàng jì
“请”和“谢谢”不忘记，

wén míng lǐ yí zài wǒ xīn
文明礼仪在我心。

sān shuō yī shuō
三、说一说

rú guǒ nǐ yù dào yǐ xià chǎng jǐng， shuō shuo nǐ huì zěn me zuò？
如果你遇到以下场景，说说你会怎么做？

luàn diū lā jī： bǎ lā jī suí yì diū zài dì shang， bù rēng jìn lā jī tǒng。
乱丢垃圾：把垃圾随意丢在地上，不扔进垃圾桶。

dà shēng xuān huá： zài gōng gòng chǎng hé dà shēng shuō huà huò jiān jiào， dǎ rǎo dào bié rén。
大声喧哗：在公共场合大声说话或尖叫，打扰到别人。

qiǎng duó wán jù： hé qí tā xiǎo péng yǒu zhēng qiǎng wán jù huò bù yǔ tā rén fēn xiǎng wán jù。
抢夺玩具：和其他小朋友争抢玩具或不与他人分享玩具。

bù zūn zhòng tā rén： suí yì dǎ duàn tā rén jiǎng huà， huò jù jué qīng tīng tā rén de yì jiàn。
不尊重他人：随意打断他人讲话，或拒绝倾听他人的意见。

bù pái duì： zài wán jù diàn huò yóu lè chǎng děng dì fang chā duì， bú àn zhào shùn xù pái duì。
不排队：在玩具店或游乐场等地方插队，不按照顺序排队。

为什么要使用文明用语?

文明用语是指礼貌、友善和尊重他人的话语。使用文明用语非常重要，可以让人与人之间的交流更加和谐与愉快，也能让别人感受到我们的友好。例如，当我们遇到别人时，说一声“你好”，可以让对方感受到温暖；当别人帮助我们时，对其说一句“谢谢”，可以表达我们的感激之情；当我们做错事时，说一声“对不起”，可以化解误会，让大家更好地相处。如果我们在说话时使用不文明用语，可能会伤害别人的感情，或者让别人感到不舒服。例如，说话粗鲁或者随意指责别人，都会让别人不愿意和我们交朋友。所以，使用文明用语不仅是对别人的尊重，也是我们良好教养的体现。

学习评价

学习目标	学习评价
语音基础	☆☆☆☆☆
语言表达	☆☆☆☆☆
思维逻辑	☆☆☆☆☆
综合展示	☆☆☆☆☆

美育小课堂三　社会美

一、美育知识

“八礼”包括仪表之礼、餐饮之礼、言谈之礼、待人之礼、行走之礼、观赏之礼、游览之礼、仪式之礼。这些礼仪涉及我们生活的各个方面，从穿衣打扮到言谈举止，都体现了我们的修养和素质。

“四仪”是指入学仪式、成长仪式、青春仪式和成人仪式。这些仪式记录了我们人生的重要阶段，也是我们成长的见证。通过参与这些仪式，我们可以更好地理解传统文化，感受传统文化的意义。

二、美育实践

（一）阅读下面的名言警句

不学礼，无以立。

——《论语·季氏》

非礼勿视，非礼勿听，非礼勿言，非礼勿动。

——《论语·颜渊》

博闻强识而让，敦善行而不怠，谓之君子。

——《礼记 · 曲礼上》

大道之行也，天下为公。

——《礼记 · 礼运》

恶言不出于口，忿言不反于身。

——《礼记 · 祭义》

（二）户外实践

社会小小督导员

请你在家长或老师的陪同下，选择一个地点（可以是一条路、一个生活社区、一个公园等），发现不文明行为时要进行劝导并倡导文明行为。

第四单元　科学美

亲爱的小朋友们，大家好！我是你们的科学探索伙伴金熊猫！

今天，我要带你们一起走进一个充满奇迹和奥秘的世界——“科学美”的世界！你们准备好了吗？让我们开始这段充满智慧和发现的旅程吧！

科学是一门研究客观世界的学问，通过观察世界、总结规律，提供可以验证的解释和计算方法，并且可以对未来进行准确的预测。

在这一单元中，我们将一起探索什么是科学美。科学美是指在科学探索中发现的那些让我们惊叹和感到好奇的现象。它可以是夜空中闪烁的星辰、微观世界里的奇妙分子，也可以是复杂的数学公式和精密的实验装置。科学不是一堆冰冷的数据和理论，而是一个充满美的世界。

第二十四课　探秘四大发明

课前阅读

四大发明的说法最初由英国汉学家李约瑟提出，主要指中国古代创新的智慧成果和科学技术，包括造纸术、指南针、火药、印刷术。四大发明对中国古代的政治、经济、文化的发展起到了巨大的推动作用，其经各种途径传至西方，对世界文明发展史产生了巨大的影响。四大发明是中国古代先民为世界留下的一串光耀的足迹，是人类文明进步的象征。

基础训练

xiàng xíng zì dà tiǎo zhàn

象形字大挑战

rì huà yuán, yuè huà wān,

日画圆，月画弯，

shān shuǐ mù huǒ lián chéng chuàn。

山水木火连成串。

shān dié shān, shuǐ lián shuǐ,

山叠山，水连水，

mù zhǎng yè　huǒ rán yàn
木长叶，火燃焰。
huà gè zì　zǐ xì kàn
画个字，仔细看，
xiàng xíng zì　zhēn hǎo kàn
象形字，真好看！

实践训练

yī　rèn yi rèn
一、认一认

xià liè tú piàn zhǎn shì le nǎ xiē fā míng
下列图片展示了哪些发明？

èr　jiǎng yi jiǎng
二、讲一讲

shú dú xià miàn de nèi róng，yòng zì jǐ de yǔ yán gài kuò sì dà fā míng
熟读下面的内容，用自己的语言概括四大发明。

1. 造纸术：在古代，人们最初是在竹简或丝绸上写字，但这些材料要么太重，要么太贵。直到蔡伦改进了造纸方法，人们才能用更便宜、更轻便的纸来书写。

2. 印刷术：在印刷术发明之前，书籍都是手抄的，非常耗时。活字印刷术的发明使得书籍可以大量快速复制，知识也因此传播得更快更广。

3. 指南针：指南针最初是用来占卜的，但后来人们发现它可以指示方向。这对于航海家和探险家来说非常重要，因为它能帮助他们准确地找到方向。

4. 火药：火药最初是用于娱乐的，比如在节日里放烟火。但后来，人们发现火药也可以用于军事，制成炸药和火枪。

三、想一想

分小组进行思考和讨论，回答下列问题。

1. 我们现在用的哪些东西与造纸术有关？

2．指南针在我们现在的生活中有哪些应用？

3．除了军事用途，火药还有哪些现代应用？

4．现在的哪些技术与古老的印刷术有关？

四大发明

造纸术：造纸术是中国古代最早的纸张制作技术，其发明可以追溯到西汉时期，由东汉的蔡伦改进。蔡伦组织工匠利用树皮、麻头、破布、旧渔网等原料制成了适合书写的植物纤维纸，这种纸被称为“蔡侯纸”。

指南针：指南针的历史可以追溯到战国时期（公元前476—公元前221年），当时中国人使用一种叫司南的磁性指向器具来指示方向。经过不断改进，古人在宋朝初期（960—1127年）发明了一种带有磁化钢制成的小针的圆形罗盘，即现代意义上的指南针。

火药：火药是由中国的炼丹家在唐代发明的。他们原本试图制造长生不老药，却意外发现了硫黄、硝石和木炭的混合物可以引发爆炸。随着火药技术的不断发展，其应用范围也逐渐扩大。

印刷术：古代的印刷术主要分为雕版印刷术和活字印刷术两种形式。雕版印刷术是最早出现的印刷技术，而活字印刷术则是较后期出现的一种更为先进的印刷技术。北宋时期，毕昇发明了活字印刷术，他用黏土制成陶活字进行排版印刷，大大提高了印刷效率。

学习评价

学习目标	学习评价
语音基础	☆☆☆☆☆
语言表达	☆☆☆☆☆
思维逻辑	☆☆☆☆☆
综合展示	☆☆☆☆☆

第二十五课　生活中的科学

课前阅读

生活科学是指人们从日常生活中总结出来的科学规律，比如冰为什么会融化、植物怎么生长、风筝为什么能飞上天等，这些都是我们可以观察和发现的科学小秘密！在我们生活的世界中，科学无处不在。看似平凡的日常现象，实则蕴藏着科学的无限奥秘。

基础训练

biǎo hé miǎo
表和秒

biǎo màn， màn biǎo， màn biǎo bō bàn miǎo。
表慢，慢表，慢表拨半秒。

màn bàn miǎo， bō bàn miǎo， bō guò bàn miǎo duō bàn miǎo。
慢半秒，拨半秒，拨过半秒多半秒。

duō bàn miǎo， bō bàn miǎo， bō guò bàn miǎo shǎo bàn miǎo。
多半秒，拨半秒，拨过半秒少半秒。

bō lái bō qù shì màn biǎo， màn biǎo biǎo màn màn bàn miǎo。
拨来拨去是慢表，慢表表慢慢半秒。

实践训练

一、试一试

按照步骤完成下面的纸风车实验。

首先，请将下面的正方形沿一条对角线折叠，展开后再沿另一条对角线折叠，形成四个小三角形；其次，请沿着折痕剪开，但要留下中心部分不剪断；再次，将每个三角形的一个角折向中心，并用胶水固定；最后，将吸管或小木棍穿过中心，固定好风车。

现在，请吹吹看。了解风的力量是怎么使风车转动的。

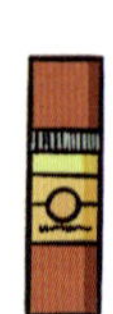

1.

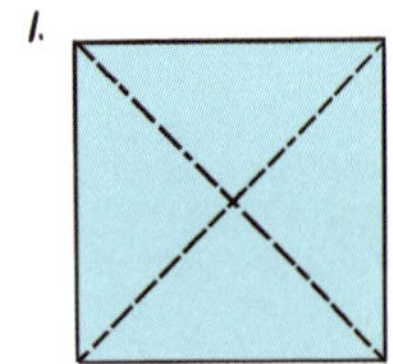

2.

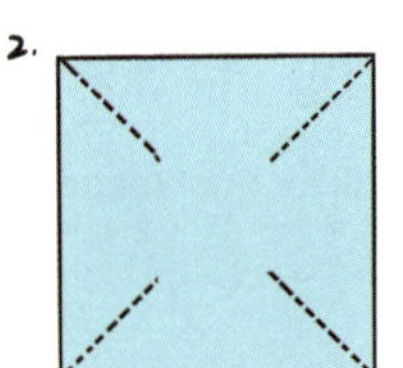

3.

4.

二、讲一讲

请用下面的内容完成“智慧实验室”的节目主持。

大家好，今天我们来做一个有趣的实验：用纸做一个小船，看看小船能否漂浮在水上。

首先，把纸折成一个小船，接着把小船放在水盆里。你会发现纸船不会沉下去，而是漂在水面上。这是因为纸船的形状能帮助它排开水，水就把船托住了。这样，纸船就能漂在水面上啦！这个现象叫“浮力”。

三、说一说

阅读下面的文章，用自己的话说一说“科技改变生活”。

科技改变生活

你知道什么是科技吗？科技是通过发明创造改善生活的智慧。科技让我们的生活变得更方便、更有趣！

以前人们想要给远方的亲人写信，要等好几天甚至几周才能收到回信。现在有了手机和电脑，我们可以随时给朋友和家人发送信息，还可以通过视频看到他们的样子，听到他们的声音，真是太方便了！

以前人们做饭主要用柴火或煤炉，还要自己切菜、煮饭，很麻烦。现在有了电饭煲、微波炉和搅拌机，有的时候只需要按一下按钮，这些工具就能帮助你快速地做好一顿美味的饭菜。

科技还让我们能更快地出行。以前从一个城市到另一个城市要花好几天的时间，现在有了火车和飞机，只要几个小时就能到达。

除此之外，科技还给我们带来了许多有趣的东西。我们可以用平板电脑看动画片儿、玩游戏，还能学习很多知识。智能机器人还能帮我们打扫房间，让我们拥有一个干净舒适的家。

四、想一想

在我们的历史长河中，有哪些科学家？他们都有哪些伟大的发明？

生活中常见的科学

物理现象

1.热胀冷缩：如乒乓球被踩瘪后，用热水浸泡就能恢复原状，这是因为乒乓球内的空气受热，气压升高。

2.光学现象：如筷子插入水中看起来像是向上弯折，这是光的折射现象导致的。

3.力学现象：如指甲剪、剪刀、镊子等工具利用杠杆原理工作。

4.乳化作用：如白醋中加入食用油后静置会出现分层现象，再加入洗洁精则会产生乳浊液，涉及乳化作用。

化学现象

1.物质变化：如牛奶加热后表面会形成一层皮，这是蛋白质受热凝固的结果。

2.光合作用：在光照的条件下，叶绿体会进行光合作用，吸收二氧化碳和水，生成葡萄糖，释放氧气。

生物现象

1.生长素作用：如向日葵幼苗的花盘总是会随着太阳转动，这是因为其茎部含有生长素，在光线照射下会向背光面移动。

2.生理反应：如人疲劳时会打哈欠，这是身体为了增加氧气摄入和排出二氧化碳的自然反应。

学习评价

学习目标	学习评价
语音基础	☆☆☆☆☆
语言表达	☆☆☆☆☆
思维逻辑	☆☆☆☆☆
综合展示	☆☆☆☆☆

第二十六课　照片里的故事

课前阅读

很久以前，人们只能用画笔和颜料来记录看到的景象。直到19世纪初，科学家们开始寻找一种方法，能够把看到的东西像照镜子一样“拍”下来，而不需要手工绘画。于是，摄影这项神奇的技术诞生了。

第一张照片是在1826年由法国发明家约瑟夫·尼塞福尔·尼埃普斯拍摄的。他用了8个小时才完成拍摄。那时候，摄影还非常复杂，需要在一种特殊的金属板上涂上一层化学物质，再通过光线的照射，把景象“印”在板上。随着时间的推移，越来越多的科学家和发明家改进了摄影技术，照片的清晰度越来越高，拍照的时间也越来越短。到了20世纪，照相机开始变得小巧轻便，普通人也能轻松地通过拍照记录生活。

咔嚓声
kā chā shēng

kā chā shēng　xiào róng liú　zhào piàn jì lù měi shí kè
咔嚓声，笑容留，照片记录美时刻。

kuài mén àn　jīng cǎi liú　jìng tóu li　huā kāi màn
快门按，精彩留，镜头里，花开漫。

shān hé xiào　niǎor chàn　fēng jǐng rù huà zhēn wán shàn
山河笑，鸟儿颤，风景入画真完善。

xiǎo péng yǒu　kuài lái zhào　hǎo jì yì　yǒng cún liú
小朋友，快来照，好记忆，永存留！

实践训练

一、认一认
yī　rèn yi rèn

xià miàn dōu shì shén me wù pǐn　tā men dōu shì zuò shén me yòng de
下面都是什么物品，它们都是做什么用的？

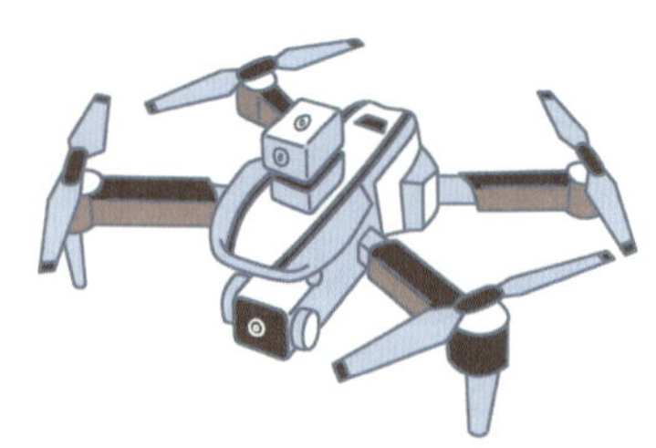

èr　jiǎng yi jiǎng
二、讲一讲

zhǔn bèi yì zhāng zhào piàn，bìng hé dà jiā fēn xiǎng yí xià zhào piàn li
准备一张照片，并和大家分享一下照片里
de gù shi ba
的故事吧。

sān　xiǎng yi xiǎng
三、想一想

yuè dú xià miàn de gù shi，xiǎng yi xiǎng zhè gè gù shi ràng nǐ míng
阅读下面的故事，想一想这个故事让你明
bai le shén me dào lǐ
白了什么道理。

xiǎo xióng de píng guǒ shù
小熊的苹果树

cóng qián，xiǎo xióng zhòng le yì kē píng guǒ shù。tā měi tiān gěi píng
从前，小熊种了一棵苹果树。它每天给苹
guǒ shù jiāo shuǐ、shī féi，qī dài zhe píng guǒ shù néng jiē chū tián měi de
果树浇水、施肥，期待着苹果树能结出甜美的
píng guǒ。kě shì，jīng guò jǐ gè yuè，shù shang zhǐ zhǎng chū le yì xiē
苹果。可是，经过几个月，树上只长出了一些
xiǎo xiǎo de qīng píng guǒ
小小的青苹果。

xiǎo xióng yǒu xiē shī wàng，xiǎng yào fàng qì。tā de hǎo péng you xiǎo
小熊有些失望，想要放弃。它的好朋友小
tù zi kàn dào hòu shuō："bié jí，píng guǒ shù hái xū yào shí jiān cái
兔子看到后说："别急，苹果树还需要时间才
néng zhǎng dà
能长大。"

xiǎo xióng tīng le，jué dìng nài xīn děng dài。tā měi tiān hái shi zhào
小熊听了，决定耐心等待。它每天还是照
gù píng guǒ shù，bú wàng hé tā shuō shuo huà。suí zhe shí jiān de tuī
顾苹果树，不忘和它说说话。随着时间的推
yí，shù shang de píng guǒ zhú jiàn biàn dà、biàn hóng。zhōng yú，xiǎo xióng
移，树上的苹果逐渐变大、变红。终于，小熊

shōu huò le yì lán zi yòu dà yòu hóng de píng guǒ
收获了一篮子又大又红的苹果。

xiǎo xióng kāi xīn jí le tā bǎ píng guǒ fēn xiǎng gěi le xiǎo tù zi
小熊开心极了，它把苹果分享给了小兔子。

xiǎo tù zi shuō nǐ kàn nài xīn hé jiān chí shì duō me zhòng yào
小兔子说：“你看，耐心和坚持是多么重要！”

xiǎo xióng míng bai le zhǐ yào yòng xīn qù zuò shì bú fàng qì
小熊明白了，只要用心去做事，不放弃，

zǒng huì yǒu měi hǎo de huí bào tā jué dìng jiāng zhè ge dào lǐ gào su
总会有美好的回报。它决定将这个道理告诉

dà jiā ràng dà jiā dōu zhī dào nài xīn děng dài shōu huò yí dìng huì
大家，让大家都知道：耐心等待，收获一定会

dào lái
到来。

照相的原理

照相就像是给光画了一张画。小朋友们，想象一下，摄影师变成了一个魔法师，他的魔法工具就是照相机。

照相机的镜头就像我们的眼睛，它能看到外面的世界。当你按下快门，相机的“眼睛”就会眨一下，把光线收集进来；这些光线会进入相机内部的一个小盒子里，很像一个微型房间（即暗箱），光线在暗箱里形成一个小小的倒立的影像，这个影像就是照片的基础；在这里，有一个特别的“画工”，可以是胶卷或者电子传感器，它会把

光线变成图像，最终定格成照片。

当你按下快门时，就像打开一个开关，让“画工”有时间记下画面，一张照片就出现了！

学习评价

学习目标	学习评价
语音基础	☆☆☆☆☆
语言表达	☆☆☆☆☆
思维逻辑	☆☆☆☆☆
综合展示	☆☆☆☆☆

第二十七课　智能机器人探险记

课前阅读

在智能时代，我们的生活、学习和工作都受到科技的影响和改变。智能技术是指模拟或辅助人类思考、学习和决策的技术。例如，人工智能、机器人、大数据分析等。智能技术让我们日常使用的东西变得更加“聪明”了。例如，智能电灯可以根据人们的习惯自动开关；手机的语音助手可以帮助人们查找信息；智能家电能够帮助人们完成家务。在学校里，老师们可以利用智慧课堂让学习变得更加有趣和高效。

基础训练

jī qì rén
机器人

jī qì rén, huì zǒu lù, yī èr yī èr tīng mìng lìng.
机器人，会走路，一二一二听命令。

huì tiào wǔ, huì shuō huà, hái néng chàng gē yáo yao tóu.
会跳舞，会说话，还能唱歌摇摇头。

bāng zhù rén　zuò jiā wù　shuā wǎn sǎo dì bù xián fán
帮助人，做家务，刷碗扫地不嫌烦。

xiǎo péng yǒu　nǐ kàn ba　jī qì rén　běn lǐng dà
小朋友，你看吧，机器人，本领大！

yī　lián yi lián
一、连一连

xià liè tú piàn zhōng yǒu sān duì jù yǒu xiāng sì gōng néng de wù pǐn，jiāng tā men lián qǐ lái
下列图片中有三对具有相似功能的物品，将它们连起来。

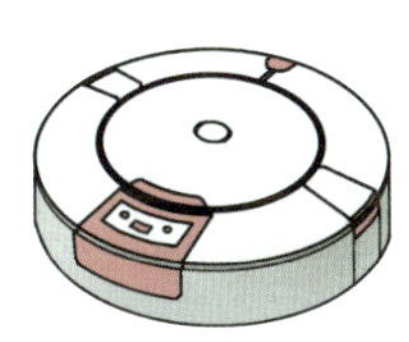

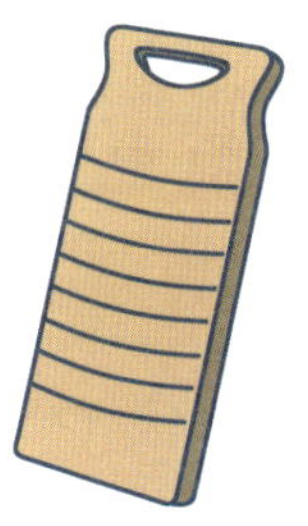

二、讲一讲

阅读下面的文章，说说你的家里有哪些智能家电，请简单介绍一下并说一说它们的使用方法。

智能家电的故事

小明家里有很多智能家电，它们都是小明的好朋友。每天，智能灯泡“小光”都会准时亮起，温暖的光芒就像它的微笑，迎接小明的醒来。扫地机器人“小洁”最勤劳了，它忙忙碌碌地打扫房间，让家里变得干干净净。当小明饿了，智能冰箱“小冷”的屏幕就会显示食物清单，告诉小明它肚子里有好多好吃的。小明最喜欢和智能音响“小乐”一起唱歌跳舞，小乐放出的音乐总是让小明快乐无比。这些智能家电就像小明的家人一样，陪伴着他度过每一天。

sān yǎn yi yǎn
三、演一演

qǐng xiǎo péng yǒu men fēn jué sè bàn yǎn bù tóng de xiǎo jiā diàn
请小朋友们分角色扮演不同的小家电。

zhì néng jiā diàn pài duì
智能家电派对

cóng qián yǒu yì jiān shén qí de zhì néng jiā diàn wū lǐ miàn zhù
从前，有一间神奇的智能家电屋，里面住
zhe xǔ duō yǒu qù de xiǎo jiā diàn xiǎo bīng xiāng xiǎo xǐ yī jī xiǎo
着许多有趣的小家电。小冰箱、小洗衣机、小
xī chén qì hé xiǎo wēi bō lú shì zuì hǎo de péng you
吸尘器和小微波炉是最好的朋友。

yì tiān xiǎo bīng xiāng shuō wǒ men lái kāi gè pài duì ba
一天，小冰箱说：“我们来开个派对吧！
dà jiā yì qǐ kuài lè yí xià
大家一起快乐一下！”

xiǎo xǐ yī jī huān kuài de zhuàn dòng zhe hǎo zhǔ yi wǒ kě
小洗衣机欢快地转动着：“好主意！我可
yǐ zhǎn shì rú hé bǎ zāng yī fu biàn gān jìng
以展示如何把脏衣服变干净。”

xiǎo xī chén qì xīng fèn de wēng wēng zuò xiǎng wǒ kě yǐ dǎ sǎo
小吸尘器兴奋地嗡嗡作响：“我可以打扫
dì bǎn ràng dà jiā zài gān jìng de huán jìng li jìn qíng wán shuǎ
地板，让大家在干净的环境里尽情玩耍。”

xiǎo wēi bō lú shuō wǒ lái zhǔn bèi yì xiē měi wèi de líng
小微波炉说：“我来准备一些美味的零
shí dà jiā yí dìng xǐ huan
食，大家一定喜欢！”

pài duì kāi shǐ le xiǎo xǐ yī jī zhǎn shì le qīng jié rú xīn de
派对开始了。小洗衣机展示了清洁如新的
yī fu xiǎo xī chén qì bǎ dì bǎn nòng de yì chén bù rǎn xiǎo wēi bō
衣服，小吸尘器把地板弄得一尘不染，小微波
lú zhǔn bèi le xiāng pēn pēn de bào mǐ huā hé bǐng gān dà jiā wán de tè
炉准备了香喷喷的爆米花和饼干。大家玩得特

bié kāi xīn hái hù xiāng jiāo huàn le hǎo wán de gù shi
别开心，还互相交换了好玩的故事。

pài duì jié shù shí xiǎo jiā diàn men dōu jué de fēi cháng kuài lè
派对结束时，小家电们都觉得非常快乐。

xiǎo bīng xiāng shuō jīn tiān zhēn shì tài bàng le wǒ men de yǒu yì gèng
小冰箱说：“今天真是太棒了，我们的友谊更
jiā shēn hòu le
加深厚了！”

xiǎo jiā diàn men jué dìng yǐ hòu měi gè yuè dōu yào kāi yí cì kuài
小家电们决定，以后每个月都要开一次快
lè pài duì ràng dà jiā yì zhí bǎo chí huān xiào hé yǒu yì
乐派对，让大家一直保持欢笑和友谊。

拓展阅读

你认识阿尔法狗吗？

阿尔法狗（AlphaGo）是一款特别的人工智能程序，专门用来下围棋。围棋是一种很复杂的棋类游戏，需要玩

家有很强的策略和思考能力。阿尔法狗可以学习大量的围棋棋谱，并通过与自己和其他玩家对弈，不断提升自己的棋艺。

阿尔法狗最著名的一次表现是在2016年3月与世界顶级围棋选手李世石展开的五番棋较量。在这场比赛中，阿尔法狗取得了令人惊讶的胜利，这也是人工智能第一次在围棋这样复杂的游戏中战胜了人类顶级围棋选手。这件事让全世界都感到非常震惊，也让人们看到了人工智能在学习和思考方面的巨大潜力。

学习评价

学习目标	学习评价
语音基础	☆☆☆☆☆
语言表达	☆☆☆☆☆
思维逻辑	☆☆☆☆☆
综合展示	☆☆☆☆☆

第二十八课　虚拟现实大冒险

课前阅读

虚拟现实（Virtual Reality，简称VR）是一种非常神奇的科技。它可以带我们进入另一个完全不同的世界。戴上VR头戴式显示器，你的眼前会出现一个由电脑生成的虚拟世界，这个世界可以是任何地方，比如一个遥远的星球、一个神秘的海底世界，甚至是你梦想中的魔法王国。

佩戴VR时，你不仅可以看到这些奇妙的场景，还可以与场景里的物品互动。你可以在虚拟世界里走动并操作虚拟物品，甚至和虚拟人物对话，就像你真的在那里一样。随着科技的发展，VR不仅可以用来玩游戏，还可以帮助人们学习和工作，比如模拟飞行训练。除此之外，在学校里，VR可以让同学们身临其境地学习历史和地理等课程。

shù zì qí yù jì
数字奇遇记

shù zì hǎi yáng shēn
数字海洋深，
xiàng sù sēn lín mì
像素森林密。
xiǎo yǒng shì dān xiǎn qǐ
小勇士，担险起，
tàn suǒ xū nǐ dì
探索虚拟地。
chéng bǎo gāo guài shòu xiōng
城堡高，怪兽凶，
jiàn shì yuè rú fēng
剑士跃如风。
mì mǎ guān zhì huì yòng
密码关，智慧用，
tōng guò jiǎng lì pěng
通过奖励捧。
qí miào xiàn chǎng jiàn
奇妙现场见！

实践训练

yī xuǎn yi xuǎn
一、选一选

cóng xià miàn de jué sè zhōng xuǎn zé yí gè zhì yú xū nǐ huán jìng zhōng nǐ huì xuǎn nǎ yí gè
从下面的角色中选择一个置于虚拟环境中，你会选哪一个？

èr jiǎng yi jiǎng
二、讲一讲

yuè dú xià miàn de gù shi， shuō yi shuō nǐ xīn mù zhōng de xū nǐ shì jiè shì shén me yàng de。

阅读下面的故事，说一说你心目中的虚拟世界是什么样的。

shén qí de xū nǐ shì jiè
神奇的虚拟世界

cóng qián， zài yí gè chōng mǎn sè cǎi de xiǎo zhèn shang， zhù zhe yí gè jiào xiǎo míng de xiǎo péng yǒu。 xiǎo míng fēi cháng xǐ huan tàn xiǎn， měi tiān dōu mèng xiǎng zhe néng qù yí gè shén qí de dì fang mào xiǎn。 yǒu yì tiān， xiǎo míng de yé ye sòng gěi tā yí fù shén qí de xū nǐ xiàn shí （VR） yǎn jìng， shuō：“dài shàng zhè ge yǎn jìng， nǐ jiù néng jìn rù yí gè shén

从前，在一个充满色彩的小镇上，住着一个叫小明的小朋友。小明非常喜欢探险，每天都梦想着能去一个神奇的地方冒险。有一天，小明的爷爷送给他一副神奇的虚拟现实（VR）眼镜，说：“戴上这个眼镜，你就能进入一个神秘的虚拟世界，里面有很多有趣的冒险哦！”

小明兴奋地戴上眼镜，突然眼前闪过一片光芒，他发现自己站在一个奇妙的虚拟世界里。这里的天空是五彩斑斓的，地上开满了五颜六色的花朵。小明看到前面有一座闪闪发光的城堡，他决定去看看。

走着走着，他发现城堡的大门上有一张神秘的纸条。纸条上写着：“要进入城堡，你需要找到三件神奇的物品：一朵会说话的花、一块闪亮的石头，还有一只金色的小鸟。”

于是小明开启了他的寻找之旅。

首先，他来到了花园，花园里有很多漂亮的花朵。小明仔细寻找，终于找到了那朵会说话的花。花对他说：“你好，小探险家！我可以告诉你秘密，但你需要先回答我的问题：你最喜欢的颜色是什么呢？”

小明高兴地回答：“我最喜欢蓝色！”

花笑了笑，说：“非常好！我会把你带到

xià yí jiàn wù pǐn suǒ zài de dì fang yú shì huā yuán de dì miàn
下一件物品所在的地方。”于是，花园的地面
kāi shǐ màn man yí dòng xiǎo míng suí jí lái dào le yí gè shǎn shǎn fā guāng
开始慢慢移动，小明随即来到了一个闪闪发光
de hú pō biān
的湖泊边。

zài hú pō de páng biān xiǎo míng fā xiàn le yí kuài fēi cháng tè bié
在湖泊的旁边，小明发现了一块非常特别
de shí tou shí tou shǎn zhe gè zhǒng yán sè de guāng máng xiǎo míng jiǎn qǐ
的石头。石头闪着各种颜色的光芒，小明捡起
shí tou fā xiàn shàng miàn kè zhe yì háng zì nǐ yǐ jīng zhǎo dào le
石头，发现上面刻着一行字：“你已经找到了
liǎng jiàn wù pǐn zuì hòu yí jiàn wù pǐn zài kōng zhōng fēi xiáng
两件物品，最后一件物品在空中飞翔。”

xiǎo míng tái tóu yí kàn tiān kōng zhōng fēi zhe yì zhī jīn sè de xiǎo
小明抬头一看，天空中飞着一只金色的小
niǎo xiǎo míng shì zhe gēn zhe xiǎo niǎo jīng guò yì fān zhuī zhú tā
鸟。小明试着跟着小鸟，经过一番追逐，他
zhōng yú zhuā zhù le xiǎo niǎo xiǎo niǎo duì tā shuō xiè xie nǐ zhǎo dào
终于抓住了小鸟。小鸟对他说：“谢谢你找到
wǒ xiàn zài nǐ kě yǐ jìn rù chéng bǎo le
我！现在你可以进入城堡了。”

xiǎo míng dài zhe sān jiàn shén qí de wù pǐn zǒu jìn le chéng bǎo de
小明带着三件神奇的物品，走进了城堡的
dà mén chéng bǎo li bù mǎn le bǎo zàng hé jīng xǐ hái yǒu hěn duō
大门。城堡里布满了宝藏和惊喜，还有很多
xiǎo péng yǒu de wán jù xiǎo míng wán de fēi cháng kāi xīn bìng qiě fā xiàn
小朋友的玩具。小明玩得非常开心，并且发现
le yí gè shén qí de mì mì měi dāng zì jǐ wán chéng yí gè mào xiǎn rèn
了一个神奇的秘密：每当自己完成一个冒险任
wu xū nǐ shì jiè jiù huì biàn de gèng jiā yǒu qù
务，虚拟世界就会变得更加有趣！

zuì hòu xiǎo míng yī yī bù shě de gào bié le xū nǐ shì jiè
最后，小明依依不舍地告别了虚拟世界，
huí dào le xiàn shí zhōng tā zhī dào zhǐ yào dài shàng shén qí de yǎn
回到了现实中。他知道，只要戴上神奇的眼

镜，他就能随时进入那个充满奇妙冒险的虚拟世界。

三、想一想

听完上面的故事，请思考下面的问题。

1. 你如果进入了这个虚拟世界，最想找到哪件神奇的物品？

2. 如果你发现虚拟世界里还有其他有趣的地方，你会怎么去探索？

3. 你觉得小明在虚拟世界里的冒险还会遇到哪些神奇的事情？

拓展阅读

认识元宇宙

元宇宙（Metaverse）是整合虚拟现实、增强现实等技术的虚拟空间，你可以通过电脑、手机或者VR设备在元宇宙中体验各种各样的活动。想象一下，你可以在元宇宙里和朋友们一起玩游戏、上课、看电影，甚至还可以设计虚拟空间或者参加线上活动。元宇宙世界就像一个无边无际的虚拟乐园，每个人都可以在里面探索和创造。

在元宇宙里，你的形象可以自己选择，可以是一个超级英雄，也可以是一个可爱的动物。你可以通过网络和其他来自世界各地的小朋友一起互动，不管他们身在何处。在元宇宙中，许多现实世界的规则可能会被打破，你可以在虚拟世界里获得飞翔、瞬间移动等奇妙的体验。

学习评价

学习目标	学习评价
语音基础	☆☆☆☆☆
语言表达	☆☆☆☆☆
思维逻辑	☆☆☆☆☆
综合展示	☆☆☆☆☆

美育小课堂四　科学美

一、美育知识

“问渠那得清如许，为有源头活水来。”正如朱熹的诗句所言，科学之光犹如清澈的泉水，涤荡着世俗的蒙昧与迷惘，带来真知灼见，为人类的进步提供源源不断的动力。科学精神，是追求真理的信仰，是探索未知的勇气。在当下社会，弘扬科学精神、推动科普惠民，不仅是科技创新的驱动力，更是每一个公民生活质量提升的关键。科技的普及，不仅带来了智慧的普惠，也带来了民生的改变。

二、美育实践

（一）有感情地朗读下面的名言

1.我国物理学家钱学森说过：“科学家不是工匠，科学家的知识结构中应该有艺术，因为科学里面有美学。”

2.爱因斯坦曾说："照亮我的道路，并且不断地给我新的勇气去愉快地正视生活的理想，是善、美和真。"

（二）户外实践

小小科学实验员

请在家长或老师的陪同下，前往科技馆。选择一个感兴趣的科学实验或知识了解，随后为大家讲解一下。

第五单元　行为美

亲爱的小朋友们，大家好！我是你们的好朋友金熊猫！

在这一单元中，我们将一起学习什么是行为美。行为美就是我们在日常生活中表现出来的那些让人感到愉快和值得尊重的美好行为。例如，当我们对别人说“谢谢”和“请”的时候，当我们主动帮助同学的时候，当我们收留流浪小动物的时候，这些小小的举动都是行为美的体现。

在这个单元的学习中，我们会看到和学到社会上的很多行为规范，具有这些优秀的行为品德的人随处可见。他们是在校园里主动帮助同学的小朋友，他们是公交车上给老人让座的同学，他们也是在公共场合保持安静、不打扰别人的人。他们的行为多么值得我们学习。你们知道行为美为什么这么重要吗？是因为行为美不仅让我们自己变得更好，也让周围的人感到温暖和被尊重。

金熊猫期待大家能在本单元学习结束后，积极分享自己做过的或者看到的行为美的事情哦！

第二十九课　珍惜粮食

课前阅读

中国农民丰收节是我国首个在国家层面为农民设立的节日，于2018年开始，节日时间为每年农历秋分日。设立“中国农民丰收节”，极大地调动了亿万农民的积极性、主动性和创造性，提升了亿万农民的荣誉感、幸福感和获得感。举办“中国农民丰收节”可以展示农村改革发展的巨大成就，也可以彰显中国自古以来以农为本的传统。

基础训练

dà dòu hé xiǎo dòu

大豆和小豆

dà tián li yǒu dà dòu

大田里有大豆，

xiǎo tián li yǒu xiǎo dòu

小田里有小豆。

dà dòu shú le pāi pāi shǒu

大豆熟了拍拍手，

xiǎo dòu shú le bèng bèng tiào

小豆熟了蹦蹦跳。

实践训练

一、认一认

说说下面粮食的名称，描述这些粮食的生长环境。

二、读一读

有感情地朗诵下面的诗词，并背诵。

悯农（其一）

唐·李绅

春种一粒粟，秋收万颗子。
四海无闲田，农夫犹饿死。

mǐn nóng qí èr
悯农（其二）

táng lǐ shēn
唐 · 李绅

chú hé rì dāng wǔ hàn dī hé xià tǔ
锄禾日当午，汗滴禾下土。

shuí zhī pán zhōng cān lì lì jiē xīn kǔ
谁知盘中餐，粒粒皆辛苦。

sān xiǎng yi xiǎng
三、想一想

zài jiā li zhǎo chū wǔ zhǒng bù tóng de liáng shi bìng cháng shì miáo shù tā men de wài mào tè zhēng
在家里找出五种不同的粮食，并尝试描述它们的外貌特征。

拓展阅读

杂交水稻之父——袁隆平

袁隆平，我国杂交水稻研究与发展的开创者，也是世界上第一个成功地利用水稻杂种优势的科学家，被誉为“杂交水稻之父”。他毕生致力于杂交水稻的研究与应用，成功培育出“三系法”和“两系法”杂交水稻，并创建了超级杂交稻技术体系，多次刷新超级稻亩产世界纪录。袁隆平的工作不仅有效缓解了中国的粮食安全问题，也为全球粮食安全做出了重大贡献，他是深受人们敬仰的科学家。

学习评价

学习目标	学习评价
语音基础	☆☆☆☆☆
语言表达	☆☆☆☆☆
思维逻辑	☆☆☆☆☆
综合展示	☆☆☆☆☆

第三十课　游戏的规则

课前阅读

“不以规矩，不能成方圆”出自《孟子·离娄上》。意思是说，如果不用圆规和角尺，就不能准确地画出圆形和方形。规和矩，是校正圆形和方形的两种工具。此句后演变为“没有规矩，不成方圆”这一俗语，寓意着做任何事情，小到个人的言行举止，大到国家治理，都要有规矩和规则。

基础训练

wán yóu xì shǒu guī zé

玩游戏守规则

wán yóu xì　shǒu guī zé　dà jiā huān lè xiào hā hā
玩游戏，守规则，大家欢乐笑哈哈。
zhuō mí cáng　bù néng tuī　shí jiān dào　fēi kuài huí
捉迷藏，不能推，时间到，飞快回。
tiào shéng zi　pái hǎo duì　lún liú tiào　bù chā duì
跳绳子，排好队，轮流跳，不插队。
diū shǒu juàn　qīng qīng diū　bèi zhuā zhù　gē shēng xiù
丢手绢，轻轻丢，被抓住，歌声秀。

xiǎo péng yǒu　jì xīn jiān　guī zé shǒu　yóu xì tián
小朋友，记心间，规则守，游戏甜！

实践训练

yī　shuō yi shuō
一、说一说

zài shēng huó zhōng nǐ dōu wán guò nǎ xiē yóu xì　tā men de guī zé shì shén me
在生活中你都玩过哪些游戏，它们的规则是什么？

抢板凳

丢沙包

跳方格

老鹰捉小鸡

èr dú yi dú
二、读一读

yuè dú xià miàn de sān zì jīng jié xuǎn bìng bèi sòng
阅读下面的《三字经》节选，并背诵。

sān zì jīng
三字经

rén zhī chū xìng běn shàn xìng xiāng jìn xí xiāng yuǎn
人之初，性本善。性相近，习相远。

gǒu bú jiào xìng nǎi qiān jiào zhī dào guì yǐ zhuān
苟不教，性乃迁。教之道，贵以专。

xī mèng mǔ zé lín chǔ zǐ bù xué duàn jī zhù
昔孟母，择邻处。子不学，断机杼。

dòu yān shān yǒu yì fāng jiào wǔ zǐ míng jù yáng
窦燕山，有义方。教五子，名俱扬。

yǎng bú jiào fù zhī guò jiào bù yán shī zhī duò
养不教，父之过。教不严，师之惰。

zǐ bù xué fēi suǒ yí yòu bù xué lǎo hé wéi
子不学，非所宜。幼不学，老何为。

yù bù zhuó bù chéng qì rén bù xué bù zhī yì
玉不琢，不成器。人不学，不知义。

wéi rén zǐ fāng shào shí qīn shī yǒu xí lǐ yí
为人子，方少时。亲师友，习礼仪。

xiāng jiǔ líng néng wēn xí xiào yú qīn suǒ dāng zhí
香九龄，能温席。孝于亲，所当执。

róng sì suì néng ràng lí tì yú zhǎng yí xiān zhī
融四岁，能让梨。悌于长，宜先知。

shǒu xiào tì cì jiàn wén zhī mǒu shù shí mǒu wén
首孝悌，次见闻。知某数，识某文。

yī ér shí shí ér bǎi bǎi ér qiān qiān ér wàn
一而十，十而百。百而千，千而万。

sān cái zhě tiān dì rén sān guāng zhě rì yuè xīng
三才者，天地人。三光者，日月星。

sān gāng zhě jūn chén yì fù zǐ qīn fū fù shùn
三纲者，君臣义。父子亲，夫妇顺。

yuē chūn xià　yuē qiū dōng　cǐ sì shí　yùn bù qióng
曰春夏，曰秋冬。此四时，运不穷。

yuē nán běi　yuē xī dōng　cǐ sì fāng　yìng hū zhōng
曰南北，曰西东。此四方，应乎中。

yuē shuǐ huǒ　mù jīn tǔ　cǐ wǔ xíng　běn hū shù
曰水火，木金土。此五行，本乎数。

shí gān zhě　jiǎ zhì guǐ　shí èr zhī　zǐ zhì hài
十干者，甲至癸。十二支，子至亥。

yuē huáng dào　rì suǒ chán　yuē chì dào　dāng zhōng quán
曰黄道，日所躔。曰赤道，当中权。

chì dào xià　wēn nuǎn jí　wǒ zhōng huá　zài dōng běi
赤道下，温暖极。我中华，在东北。

yuē jiāng hé　yuē huái jì　cǐ sì dú　shuǐ zhī jì
曰江河，曰淮济。此四渎，水之纪。

yuē dài huá　sōng héng héng　cǐ wǔ yuè　shān zhī míng
曰岱华，嵩恒衡。此五岳，山之名。

yuē shì nóng　yuē gōng shāng　cǐ sì mín　guó zhī liáng
曰士农，曰工商。此四民，国之良。

yuē rén yì　lǐ zhì xìn　cǐ wǔ cháng　bù róng wěn
曰仁义，礼智信。此五常，不容紊。

dì suǒ shēng　yǒu cǎo mù　cǐ zhí wù　biàn shuǐ lù
地所生，有草木。此植物，遍水陆。

yǒu chóng yú　yǒu niǎo shòu　cǐ dòng wù　néng fēi zǒu
有虫鱼，有鸟兽。此动物，能飞走。

dào liáng shū　mài shǔ jì　cǐ liù gǔ　rén suǒ shí
稻粱菽，麦黍稷。此六谷，人所食。

sān　jiǎng yi jiǎng
三、讲一讲

yuè dú xià miàn de wén zhāng　yòng zì jǐ de huà fù shù quán wén
阅读下面的文章，用自己的话复述全文。

zhuō mí cáng
捉迷藏

zhuō mí cáng shì xǔ duō rén tóng nián de zuì ài　zhè ge yóu xì tōng
捉迷藏是许多人童年的最爱。这个游戏通

常由“石头剪刀布”来决定谁当“捉”的人，其他人则四处躲藏，寻找最佳的藏身之地。有人选择灌木丛，有人选择树后，甚至有人选择躲在假山后面。而“捉”的人则需要四处寻找，直到将所有人都找到为止。例如，为了避免被“捉”，大家选择躲在小石桥下的水沟里，小心翼翼地避开迎春花的枝条，确保自己不被发现。这种游戏不仅给我们带来了欢乐，还培养了我们的观察力和应变能力。

四、玩一玩

根据人数，组织一场游戏，游戏结束后讲述一下自己的感受。

为什么要制定规则？

制定规则的原因多种多样，其目的是维持秩序、保护权益、促进发展等。规则是我们生活的必要组成部分，它们为我们营造了一个有序、公平、和谐的环境。虽然规则在某种程度上限制了我们的自由，但它们同时也保护了我们的权益，还为我们的成长提供了良好的条件。因此，我们应该正确认识规则的重要性，并且自觉遵守它们。

学习评价

学习目标	学习评价
语音基础	☆☆☆☆☆
语言表达	☆☆☆☆☆
思维逻辑	☆☆☆☆☆
综合展示	☆☆☆☆☆

第三十一课　环保小卫士

课前阅读

20世纪60年代后期，人类自身发展需要的无限性和环境承载能力的有限性之间的矛盾开始凸显。中国当代环境保护运动兴起于20世纪90年代，一批民间环保组织相继成立，推动环保事业发展，促进公众参与，发挥了积极作用。中国环保志愿者已逐渐从自发走向自觉，发展壮大为环境保护的一支新兴力量。

基础训练

huán bǎo gē
环保歌

huār xiào niǎor jiào niǎo yǔ huā xiāng zhēn rè nao
花儿笑，鸟儿叫，鸟语花香真热闹。

ài hù lǜ huà yǒu zé rèn pò huài lǜ huà yào zhì zhǐ
爱护绿化有责任，破坏绿化要制止。

kàn jiàn lā jī wān wān yāo guǒ pí zhǐ xiè bié luàn pāo
看见垃圾弯弯腰，果皮纸屑别乱抛；

jié yuē shǐ yòng shuǐ hé diàn zhēn xī liáng shi bú làng fèi
节约使用水和电，珍惜粮食不浪费。

dà jiā kuài kuài dòng qǐ lái， xié shǒu lái chuàng huán jìng měi
大家快快动起来，携手来创环境美。

实践训练

yī shuō yi shuō
一、说一说

nǐ zhī dào duō shǎo guān yú huán bǎo de xiǎo gù shi？hé dà jiā fēn xiǎng yí xià， shuō yi shuō bǎo hù huán jìng de zhòng yào xìng
你知道多少关于环保的小故事？和大家分享一下，说一说保护环境的重要性。

èr lián yi lián
二、连一连

jiǎng yi jiǎng xià miàn tú piàn zhōng de wù pǐn yīng gāi shǔ yú nǎ yí lèi lā jī， bǎ tā men sòng qù zhèng què de lā jī xiāng zhōng
讲一讲下面图片中的物品应该属于哪一类垃圾，把它们送去正确的垃圾箱中。

铲子
衣服
玻璃瓶
书包
篮球
书本
鞋子
玩偶
指甲剪
保温杯
梳子
铅笔
橡皮擦
尿不湿
口罩
扫帚
毛巾
牙刷
口红
废纸巾
打火机
针筒
灯泡
杀虫剂
调色盘
电池
过期药丸
药品
汽油
温度计
鱼骨
菜叶
枯叶
橘子皮
西瓜皮
骨头
香蕉皮
鸡蛋壳
苹果核
剩菜剩饭

厨余垃圾

有害垃圾

可回收物

其他垃圾

三、想一想

生活中你参与了哪些与环境保护和垃圾分类相关的活动？你周围有哪些人是环保的榜样？他们是怎么做的？

城市空气质量

城市空气质量通常由空气质量指数（AQI）来表示。空气质量一般分为六个级别。

优（0～50）：空气质量很好，几乎无空气污染影响。

良（51～100）：空气质量可以接受，但对于极少数敏感人群有轻微影响。

轻度污染（101～150）：敏感人群可能会出现症状，健康人群无明显影响。

中度污染（151～200）：敏感人群健康状况会受到影响；健康人群如果长时间待在户外，可能会影响健康。

重度污染（201～300）：健康预警，所有人的健康都会受到影响。

严重污染（301～500）：健康紧急，所有人的健康都会受到严重影响。

学习评价

学习目标	学习评价
语音基础	☆☆☆☆☆
语言表达	☆☆☆☆☆
思维逻辑	☆☆☆☆☆
综合展示	☆☆☆☆☆

第三十二课　劳动最光荣

课前阅读

劳动，是人类生存和发展的基础，是生产力发展的直接动力。通过劳动，人们可以创造出满足各种需要的物质产品，如食物、衣服、住房等。劳动不仅是创造物质财富的过程，更是实现个人价值、促进社会进步的重要途径。自古以来，“劳动最光荣”的观念深入人心，成为激励人们勤奋工作、不懈奋斗的强大动力。

基础训练

qín láo
勤劳

nǐ yě qín lái wǒ yě qín
你也勤来我也勤，

shēng chǎn tóng xīn tǔ biàn jīn
生产同心土变金。

gōng rén nóng mín qīn xiōng dì
工人农民亲兄弟，

xīn xīn xiāng yìn tuán jié jǐn
心心相印团结紧。

实践训练

yī rèn yi rèn
一、认一认

shuō chū xià miàn zhè xiē gōng jù de míng chēng, bìng xiǎng yi xiǎng zài nǎ
说出下面这些工具的名称，并想一想在哪

xiē dì fang jiàn guò tā men, tā men yǒu shén me yòng chù.
些地方见过它们，它们有什么用处。

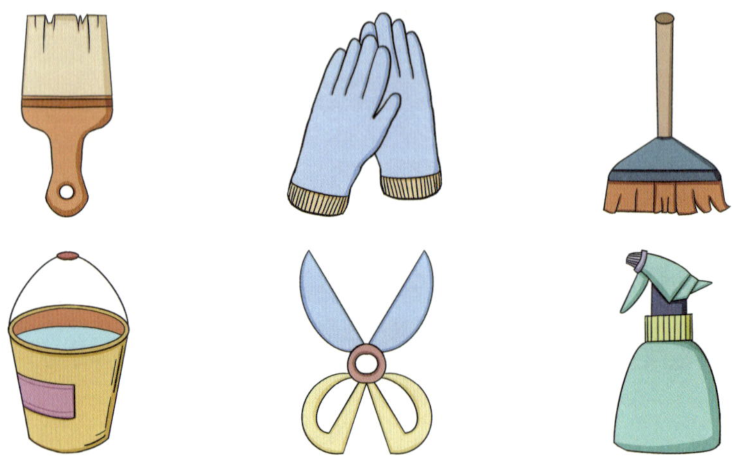

èr jiǎng yi jiǎng
二、讲一讲

nǐ zhī dào láo dòng jié de yóu lái ma? wèi shén me shuō láo dòng zuì
你知道劳动节的由来吗？为什么说劳动最

guāng róng?
光荣？

sān dú yi dú
三、读一读

yǒu gǎn qíng de lǎng dú xià miàn de ér gē.
有感情地朗读下面的儿歌。

劳动最光荣
láo dòng zuì guāng róng

xiǎo péng yǒu men tīng wǒ yán
小朋友们听我言，
láo dòng guāng róng bù jiǎn dān
劳动光荣不简单。
shēn chū xiǎo shǒu lái bāng máng
伸出小手来帮忙，
sǎo dì cā zhuō yàng yàng xíng
扫地擦桌样样行。
qīng chén shuì xǐng zhěng chuáng pù
清晨睡醒整床铺，
bèi dān pū zhǎn rú zhǐ zhāng
被单铺展如纸张。
yuàn li huā cǎo qín jiāo shuǐ
院里花草勤浇水，
shī féi fān tǔ dōu jiān chí
施肥翻土都坚持。
huā bāo guǒ shí chū zhǎng chéng
花苞果实初长成，
péng bó shēng mìng bù mǎn yuán
蓬勃生命布满园。
wǒ men dōu shì xiǎo yuán dīng
我们都是小园丁，
ài hù jiā yuán wǒ xiān xíng
爱护家园我先行。
bà ba shù qǐ dà mǔ zhǐ
爸爸竖起大拇指，
kuā wǒ láo dòng zuì shuài qì
夸我劳动最帅气。

五一国际劳动节

五一国际劳动节是工人阶级通过奋斗争取来的。随着资本主义进入垄断阶段，工人每天被迫进行大量的劳动，为了维护自己的权利，工人们决定斗争。1886年，美国芝加哥等城市的35万工人举行大罢工和游行示威，要求实行8小时工作制、改善劳动条件，美国当局迫于国际舆论和社会压力，宣布实施8小时工作制。为了纪念这次斗争，1889年7月，第二国际在巴黎举行的代表大会上将5月1日这一天确立为五一国际劳动节。

学习评价

学习目标	学习评价
语音基础	☆☆☆☆☆
语言表达	☆☆☆☆☆
思维逻辑	☆☆☆☆☆
综合展示	☆☆☆☆☆

第三十三课　文明礼仪

课前阅读

中国具有五千年文明史，素有“礼仪之邦”之称，中国人也以彬彬有礼的风貌著称于世。礼仪文化作为中华传统文化的重要组成部分，对中国社会历史发展产生了广泛而深远的影响，其内容十分丰富，所涉及的范围非常广泛，几乎渗透古代社会的各个方面。

基础训练

lǐ yùn qiān nián, kuài sháo jiān chuán

礼韵千年，筷勺间传

cān zhuō lǐ yí chuán qiān nián, yì jǔ yí dòng xiǎn fēng fàn.
餐桌礼仪传千年，一举一动显风范。

kuài zi qīng tiāo bú luàn fān, wǎn dié wěn duān bù sǎ fàn.
筷子轻挑不乱翻，碗碟稳端不撒饭。

xì jiáo màn yàn pǐn jiā yáo, bù yán bù yǔ xīn zì ān.
细嚼慢咽品佳肴，不言不语心自安。

lǐ yí zhī bāng chuán jiā huà, wén míng yòng cān dài dài chuán.
礼仪之邦传佳话，文明用餐代代传。

实践训练

一、学一学

学一学这些礼仪动作，说出这些动作都在哪些场合下使用。

二、讲一讲

朗读下面的警句，用自己的话解释其中的内涵。

不学礼，无以立。

——《论语 · 季氏》

礼尚往来。往而不来，非礼也；来而不往，亦非礼也。

——《礼记·曲礼上》

君子以仁存心，以礼存心：仁者爱人，有礼者敬人。爱人者，人恒爱之；敬人者，人恒敬之。

——《孟子·离娄下》

三、读一读

有感情地朗读下面的古诗，用自己的话解释一下什么是“孝顺”？

贤者之孝二百四十首·张霸

宋·林同

幼也知孝让，居然合礼仪。
休疑汝尚小，须信我饶为。

游子吟

唐·孟郊

慈母手中线，游子身上衣。

lín xíng mì mì féng　yì kǒng chí chí guī
临行密密缝，意恐迟迟归。

shuí yán cùn cǎo xīn　bào dé sān chūn huī
谁言寸草心，报得三春晖。

sì　xiǎng yi xiǎng
四、想一想

zài wǒ men de shēng huó zhōng　dōu yǒu nǎ xiē lǐ yí　tā men dōu
在我们的生活中，都有哪些礼仪？它们都

shì shén me　qǐng jiǎn dān de gěi dà jiā jiè shào yí xià
是什么？请简单地给大家介绍一下。

公共场合礼仪

不大声喧哗、不随地吐痰、不随意制造垃圾、不随地大小便、不霸占公共物品、遵守交通出行规则、看演出时保持安静、乘坐电梯时要自觉靠右站立、乘坐交通工具时自觉排队、爱护景区文物不乱涂画。

家庭礼仪

尊敬和孝敬长辈、自己的事情自己做、进父母房间前要敲门、玩具使用后要放回原处、不能说脏话或骂人、用手机要经过父母同意、大人交谈时要保持安静、帮忙做些力所能及的家务、称呼长辈要用尊称、回家或出门要和长辈打招呼。

学习评价

学习目标	学习评价
语音基础	☆☆☆☆☆
语言表达	☆☆☆☆☆
思维逻辑	☆☆☆☆☆
综合展示	☆☆☆☆☆

第三十四课　舞台上的礼仪

课前阅读

在古代，中国人就制定了许多礼仪规范，比如见到长辈要行礼，吃饭前要先请长辈动筷子。这些礼仪表达了对长辈的尊重，也让人与人之间的关系更加和谐。即使是在今天，我们仍然会在重要的节日和场合中遵循一些传统的礼仪，比如春节时，孩子们会给长辈们拜年，长辈们则会给孩子们红包。小朋友们在学校里要尊敬老师、关心同学，在公共场所要保持安静、不打扰别人，这些都是礼仪的具体表现。

学习和实践礼仪，不仅能让我们成为一个更有修养、更受欢迎的人，也能让我们的社会更加友好和谐。通过懂礼仪、守礼仪，我们不仅培养了自己的良好品德，也传承了中国几千年来的优秀文化。

wǔ tái zhī shàng　lǐ yí wéi shàng
舞台之上，礼仪为尚

wǔ tái dēng guāng liàng shǎn shǎn　yǎn yuán lǐ yí bù néng wàng
舞台灯光亮闪闪，演员礼仪不能忘。

shàng tái bù fá yào wěn jiàn　wēi xiào miàn duì guān zhòng xí
上台步伐要稳健，微笑面对观众席。

biǎo yǎn zhī zhōng bù xuān huá　dòng zuò yōu yǎ rú liú shuǐ
表演之中不喧哗，动作优雅如流水。

xiè mù zhī shí yào jū gōng　gǎn xiè zhǎng shēng nuǎn xīn fáng
谢幕之时要鞠躬，感谢掌声暖心房。

实践训练

yī　xué yi xué
一、学一学

zài wǔ tái shang biǎo xiàn xū yào zhù yì nǎ xiē lǐ yí　wǒ men yì qǐ xué yi xué
在舞台上表现需要注意哪些礼仪？我们一起学一学。

èr dú yi dú
二、读一读

qǐng huì shēng huì sè de lǎng dú xià miàn de ér gē
请绘声绘色地朗读下面的儿歌。

wǔ tái lǐ yí
舞台礼仪

jǔ huà tǒng, yào wěn dang,
举话筒，要稳当，

mài kè fēng, píng xíng wàng。
麦克风，平行望。

shēng yīn dà, bù hán hu,
声音大，不含糊，

qīng xī chuán dá wǒ shēng yīn。
清晰传达我声音。

jiè shào shí, yào zhǔn què,
介绍时，要准确，

yǒu tiáo lǐ, bù huāng zhāng。
有条理，不慌张。

dì huà tǒng, yào yōu yǎ,
递话筒，要优雅，

shuāng shǒu dì chū zuì hé shì。
双手递出最合适。

zǒu shàng tái, zhàn de zhí,
走上台，站得直，

xiào róng tián, shēng yīn liàng。
笑容甜，声音亮。

dǎ zhāo hu, yòng yǎn shén,
打招呼，用眼神，

lǐ mào kāi tóu rě rén xǐ。
礼貌开头惹人喜。

xiǎo zhǔ chí, zhēn shén qì,
小主持，真神气，

lǐ yí gē, jì xīn jiān,
礼仪歌，记心间，

fēng dù piān piān, rén rén kuā。
风度翩翩，人人夸。

sān　yǎn yi yǎn
三、演一演

nǐ xiàn zài shì yí gè xiǎo xiǎo zhǔ chí rén，qǐng zhàn shàng wǔ tái zuò yí gè ér tóng jié huì bào yǎn chū de kāi chǎng bái

你现在是一个小小主持人，请站上舞台做一个儿童节汇报演出的开场白。

礼仪小知识

小朋友们，礼仪就像我们生活中的魔法钥匙，它可以帮助我们交到好朋友，让大家更喜欢和我们玩。这里有一些小礼仪小知识，记住它们，你会发现生活更有趣！

友好问候：见面的时候说“你好”或“早上好”，就像打开快乐之门的密码一样。

微笑魔法：微笑是全世界通用的语言，见到别人时，展现一个大大的笑脸，就像给他们送去阳光。

请与谢谢：当你请人帮忙时，用“请”字开头；而当你收到帮助或礼物时说“谢谢”，就像给别人送上一朵温暖的小花。

洗手小习惯：吃东西前和玩完游戏以后洗手，就像给小手穿上干净的衣服，保持健康。

用心道歉：如果不小心做错事，要诚恳地说“对不起”。

这些小礼仪，就好像生活的彩虹，让我们的世界变得更美好！记得每天都去使用它们！

学习评价

学习目标	学习评价
语音基础	★★★★★
语言表达	★★★★★
思维逻辑	★★★★★
综合展示	★★★★★

美育小课堂五　行为美

一、美育知识

中国自古以来就是“礼仪之邦”，文明礼仪是一个人道德修养的体现。

《论语》曰：“不学礼，无以立。”为了营造和谐、文明、温馨的生活环境，提高小朋友的文明素质和社会文明程度，让我们共同发起文明礼仪倡议。文明出行，不乱穿马路，不闯红灯；不乱丢垃圾，爱护环境；文明礼貌，排队守秩序。

二、美育实践

（一）文段阅读

无论是人还是物，想要获得长远的发展，必须学会积累，广泛听取意见，汇集众人智慧。正如《墨子》所言：“江河之水，非一源之水也；千镒之裘，非一狐之白也。”世界上的每一种事物都有其价值，都没有永恒的对错，与你相同的不代表是真理，与你相异的亦不代表是谬误，所以在听取意见、汇集智慧时，不能只听顺耳的、排斥相左的。

（二）户外实践

熟悉下面的校园礼仪，尝试给同学们进行宣讲。

形象礼仪

着装要整洁、朴素大方，扣齐纽扣或拉好拉链，整理好衣领。参加升降旗仪式、集会活动时按要求穿规定的校服。

按要求系好红领巾：先把红领巾折四折，置于衣领内，红领巾的三角尖对正脊骨，打好领结，翻下衣领。夏天天气炎热时，可佩戴队徽于左胸前。

课堂礼仪

预备铃响起，应迅速回教室入座，静候老师。

上课铃响，老师进教室，值日生喊“起立”，全班同学立正后向老师问好，老师回应后再坐下。起坐要做到桌椅无声响。

活动礼仪

课间活动时，不大声喧哗，不追逐打闹，积极参加有益身心健康的各种文体活动。遵守游戏规则，爱护游戏伙伴。

集体外出活动要服从管理。同学间要相互谦让，主动关心和照顾好体弱的同学。分组活动时，要服从大家的共同意愿，遵守时间，不单独行动。

集会礼仪

举行升旗仪式或集会时，集合列队要快、静、齐，并提前进入会场，在指定位置站（坐）好，静候仪式或集会开始。

尊师礼仪

进校门时，见了老师要面带微笑，站定后行队礼或鞠躬礼问候，等老师回礼后再走开；见到同学要互相问好。

放学时，排好队集体离校，主动与老师和同学说“再见”；不要无故在校内或校园周边区域逗留。

同学礼仪

尊重同学，互助互爱，同学间要互相问候“早上好”“你好”，可配合点头、招手等动作；主动帮助有困难的同学；尊重和照顾女同学，不欺侮同学。

行走礼仪

走路时要抬头挺胸，目视前方，肩臂自然摆动，步速适中，忌讳八字脚、摇摇晃晃，或者扭捏碎步。

上下楼、过楼道靠右行；出入教室、办公室、会场等按指定线路走，不拥挤；出入各功能室时轻声慢步，不影响他人。

行人互相礼让，主动给长者让路，主动给残疾人和有需要的人士让路。

就餐礼仪

餐前洗手。遵守秩序，排队领取餐具，排队不加塞，不敲打餐具，保持安静。就座时，两脚自然并拢，双腿自然平放，坐姿自然，背部挺直。

第六单元　体育美

亲爱的小朋友们，大家好！我是你们的运动伙伴金熊猫！

在本单元中，我们将一起探索什么是体育美。体育美就是在运动中展现的那些让我们感到振奋和自豪的精彩瞬间。它可以是运动员们矫健的身姿、飞跃的瞬间，也可以是团队合作中的默契和努力，甚至是大家在操场上奔跑时的快乐和自由。

在本单元中，我会跟小朋友们一起分享体育的精神、体育和健康的关系、运动带来的好处等知识。但金熊猫也希望小朋友们通过本单元的学习，可以从很多小事做起，比如每天坚持锻炼、参加学校的体育课，以及和朋友们一起进行户外活动，让自己的身体变得强健有力！

第三十五课　生命在于运动

课前阅读

为倡导国民更广泛地参与体育健身，纪念第29届夏季奥林匹克运动会成功举办，经国务院批准，从2009年起，我国将每年的8月8日定为“全民健身日”。全民健身日是我国首个国家级体育节日。

zuò zǎo cāo
做早操

zǎo chen zǎo zǎo qǐ
早晨早早起，
zǎo qǐ zuò zǎo cāo
早起做早操。
rén rén zuò zǎo cāo
人人做早操，
zuò cāo shēn tǐ hǎo
做操身体好。

实践训练

yī　jiǎng yi jiǎng
一、讲一讲

gēn jù tú piàn shuō yi shuō zhè xiē yùn dòng xiàng mù de míng chēng，jiè shào zhè xiē yùn dòng de qǐ yuán hé lì shǐ bèi jǐng。

根据图片说一说这些运动项目的名称，介绍这些运动的起源和历史背景。

èr　shuō yi shuō
二、说一说

yuè dú xià miàn de míng yán jǐng jù，shuō yi shuō nǐ zuì xǐ huan de yí xiàng yùn dòng，yǐ jí wèi shén me xǐ huan。

阅读下面的名言警句，说一说你最喜欢的一项运动，以及为什么喜欢。

shēng mìng zài yú yùn dòng。

生命在于运动。

fú ěr tài

——伏尔泰

zhǐ yǒu yùn dòng cái kě yǐ chú qù gè zhǒng gè yàng de yí lǜ。

只有运动才可以除去各种各样的疑虑。

gē dé

——歌德

shì jiè shang de yí qiè wěi dà yùn dòng dōu yǔ mǒu zhǒng wěi dà lǐ xiǎng yǒu guān。

世界上的一切伟大运动都与某种伟大理想有关。

tài gē ěr

——泰戈尔

shēn tǐ de jiàn kāng yīn jìng zhǐ bú dòng ér pò huài， yīn yùn dòng liàn xí ér cháng qī bǎo chí。
身体的健康因静止不动而破坏，因运动练习而长期保持。

sū gé lā dǐ
——苏格拉底

rì fù yí rì de jiān chí liàn xià qù ba， zhǐ yǒu huó dòng shì liàng cái néng bǎo chí xùn liàn de rè qíng hé tí gāo yùn dòng de jì néng。
日复一日地坚持练下去吧，只有活动适量才能保持训练的热情和提高运动的技能。

sài niè kǎ
——塞涅卡

sān、xiǎng yi xiǎng
三、想一想

nǐ zuì xǐ huan de yùn dòng shì shén me？ wèi shén me shuō "shēng mìng zài yú yùn dòng"？
你最喜欢的运动是什么？为什么说“生命在于运动”？

运动的作用

运动是保持健康的良药。无论什么时候、做什么事，健康就像是基石，巩固好基础，才能不断向上。它虽然不是保养身体最轻松的方式，却是效果最好、最有益的一种。

运动能够改善情绪。长期运动，会给我们的生活带来怎样的改变？有人说，运动让自己有了更好的生活习惯，改善了身体状况。同时，规律运动让自己在做其他事的时候，也更加具有持久性和计划性。

运动能够战胜惰性。很多时候，我们也知道运动的重要性，却因为懒惰，而给自己寻找各种借口。人生从没有不劳而获，任何你想要的东西都需要你给予相应的付出。

每天给自己制订一个小计划：或走路半小时，或跑步一小时，或做一套有氧健身操，或上一堂瑜伽课……坚持运动的过程，也是自我挑战的过程。慢慢地，我们便从懒惰变得勤奋，整个人也变得积极向上。当一个人懂得坚持、学会克制，也就离成功更近了一步。

运动能够养成自律。真正的自律，从不是一蹴而就，运动就是提升自律最便捷的方式之一。每天坚持锻炼，并把这份坚持延续到学习中，能保持强大的专注力和自制力，从而不断取得进步。

学习评价

学习目标	学习评价
语音基础	☆☆☆☆☆
语言表达	☆☆☆☆☆
思维逻辑	☆☆☆☆☆
综合展示	☆☆☆☆☆

第三十六课　运动与健康

课前阅读

从身体健康的角度来看，运动能够增强心肺功能，提高身体的代谢率，有助于控制体重和预防肥胖。此外，规律的运动还能增强肌肉力量、提高柔韧性，从而降低受伤的风险。对于许多慢性疾病，如心血管疾病、糖尿病和某些类型的癌症，运动也具有重要的预防作用。

yuán quān yuán

圆圈圆

yuán quān yuán　quān yuán quān　yuán yuán juān juān huà yuán quān
圆圈圆，圈圆圈，圆圆娟娟画圆圈。

juān juān huà de quān lián quān　yuán yuán huà de quān tào quān
娟娟画的圈连圈，圆圆画的圈套圈。

juān juān yuán yuán bǐ yuán quān　kàn kan shuí de yuán quān yuán
娟娟圆圆比圆圈，看看谁的圆圈圆。

实践训练

一、看一看
yī kàn yi kàn

xià tú zhè xiē shì shén me yùn dòng? zhè xiē yùn dòng de yào lǐng shì shén me?

下图这些是什么运动？这些运动的要领是什么？

二、读一读
èr dú yi dú

liǎo jiě pīng pāng qiú de qǐ yuán, xiàng lǎo shī tóng xué jiè shào tā。

了解乒乓球的起源，向老师同学介绍它。

pīng pāng qiú, bèi chēng wéi zhōng guó de "guó qiú"。pīng pāng qiú qǐ yuán yú yīng guó。19 shì jì mò, ōu zhōu shèng xíng wǎng qiú yùn dòng,

乒乓球，被称为中国的“国球”。乒乓球起源于英国。19世纪末，欧洲盛行网球运动，

dàn yóu yú shòu dào chǎng dì hé tiān qì de xiàn zhì yīng guó yǒu xiē dà xué
但由于受到场地和天气的限制，英国有些大学
shēng biàn bǎ wǎng qiú yí dào shì nèi yǐ cān zhuō wéi qiú tái shū zuò qiú
生便把网球移到室内，以餐桌为球台，书做球
wǎng yòng yáng pí zhǐ zuò qiú pāi zài cān zhuō shang dǎ lái dǎ qù yīn
网，用羊皮纸做球拍，在餐桌上打来打去。因
qí jī dǎ shí fā chū de shēng yīn ér dé míng
其击打时发出“Ping-Pong”的声音而得名。

sān xiǎng yi xiǎng
三、想一想

nǐ zuì xǐ huan de yùn dòng shì shén me tā yǒu shén me hǎo chù
你最喜欢的运动是什么？它有什么好处？
shuō shuo wǒ men wèi shén me yào yùn dòng
说说我们为什么要运动。

运动的意义

你知道吗，运动能促进大脑内神经递质的释放，如内啡肽和多巴胺，这些物质被称为“快乐激素”。运动能够改善心情、增强自信，帮助释放压力、缓解焦虑和抑郁情

绪，提升人们整体的心理幸福感。不开心的时候就尝试去运动一下吧。

学习评价

学习目标	学习评价
语音基础	☆☆☆☆☆
语言表达	☆☆☆☆☆
思维逻辑	☆☆☆☆☆
综合展示	☆☆☆☆☆

第三十七课　奥林匹克精神

课前阅读

很久以前，古希腊人非常喜欢运动。他们认为运动是健康和力量的象征，也是团结和友好的表现。在古希腊的城邦里，有一个叫奥林匹亚的地方，那里每年都有一场超级大的运动会，这就是奥林匹克运动会的由来。

传说有一个叫宙斯的神，他是古希腊众神之王。为了庆祝他的力量和伟大，人们开始在奥林匹亚举办运动会。比赛的项目有很多，比如跑步、跳远、投掷等。大家都喜欢参加，因为赢了的人会获得无上的荣誉，还会得到宙斯神的保佑。在这场运动会中，人们的信念是追求“更快、更高、更强”，这是一种力量和勇气的象征。

ào yùn zhī huǒ
奥运之火

ào yùn shèng huǒ rán xīn zhōng
奥运圣火燃心中，

tuán jié yǒu yì chuán sì fāng
团结友谊传四方。

jìng jì chǎng shang zhǎn yīng zī
竞技场上展英姿，

yǒng wǎng zhí qián bù yán bài
勇往直前不言败。

zūn zhòng duì shǒu xiǎn fēng dù
尊重对手显风度，

zhuī qiú zhuó yuè gòng huī huáng
追求卓越共辉煌。

ào yùn jīng shén yǒng liú chuán
奥运精神永流传，

jī lì rén xīn xiàng qián fāng
激励人心向前方。

实践训练

yī dú yi dú
一、读一读

lǎng dú xià miàn yǔ yùn dòng xiāng guān de cí yǔ, liǎo jiě tā men de hán yì
朗读下面与运动相关的词语，了解它们的含义。

jiàn bù rú fēi 健步如飞	bù lǚ jiǎo jiàn 步履矫健	bǎi bù chuān yáng 百步穿杨
lián bèng dài tiào 连蹦带跳	huī hàn rú yǔ 挥汗如雨	fēi yán zǒu bì 飞檐走壁

匍匐前进　　蹑手蹑脚　　横冲直撞

上蹿下跳　　奋起直追　　捷足先登

二、说一说

奥运五环每一个颜色代表什么？

三、讲一讲

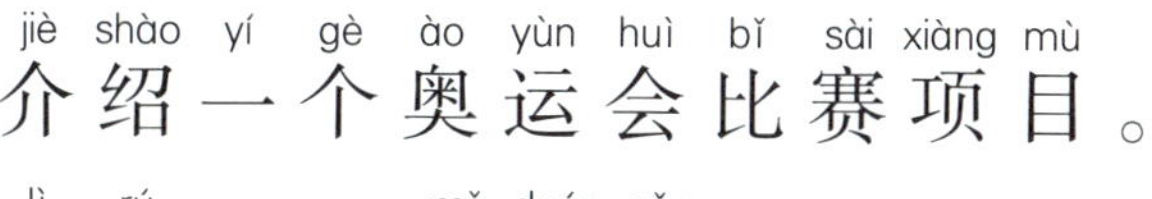

介绍一个奥运会比赛项目。

例如，100米短跑。

运动员们身着有号码牌的服饰，站在起跑线后，做好准备动作。等待发令枪响后，所有运动员从各自赛道同时出发。直到运动员们依次抵达终点后，比赛结束并进行成绩统计。最终公布比赛成绩。

拓展阅读

奥林匹克运动会

奥林匹克运动会，简称奥运会，是由国际奥林匹克委员会主办的世界性综合运动会，每四年举行一次。奥运会起源于古希腊，因举办地点在奥林匹亚而得名。古希腊有许多城邦，各城邦定期举行运动会。一方面，这些运动会既因祭神需求而带有浓厚的宗教色彩，又因城邦间不断征战需要强健体魄，从而具备了军事锻炼的性质。另一方面，运动会期间实行“奥林匹克休战”，象征着和平。运动会中规模最大的是在奥林匹亚举行的运动会，即奥林匹克运动会。

学习评价

学习目标	学习评价
语音基础	☆☆☆☆☆
语言表达	☆☆☆☆☆
思维逻辑	☆☆☆☆☆
综合展示	☆☆☆☆☆

第三十八课　校园运动会

近年来，国家相继出台中小学生体育锻炼的相关政策，坚持“健康第一”的理念，推动青少年文化学习和体育锻炼协调发展，帮助学生在体育锻炼中享受乐趣、增强体质、健全人格、锤炼意志，从而培养出德智体美劳全面发展的社会主义建设者和接班人。全国各地以“阳光体育运动”为载体，根据不同年龄段、不同运动能力的学生特点，积极开展校园广播操、趣味运动会、投篮挑战、足球、拔河等体育赛事，有效提高学生体质健康水平，共同为学生健康成长保驾护航。

máo máo hé tāo tāo
毛毛和涛涛

máo máo hé tāo tāo　tiào gāo yòu liàn pǎo
毛毛和涛涛，跳高又练跑，

máo máo jiāo tāo tāo liàn pǎo tāo tāo jiāo máo máo tiào gāo
毛毛教涛涛练跑，涛涛教毛毛跳高，

máo máo xué huì le tiào gāo tāo tāo xué huì le liàn pǎo
毛毛学会了跳高，涛涛学会了练跑。

实践训练

yī dú yi dú
一、读一读

lǎng dú xià liè yùn dòng xiàng mù míng chēng xuǎn zé qí zhōng de
朗读下列运动项目名称，选择其中的1～2
xiàng jìn xíng jiè shào
项进行介绍。

bá hé　tiào yuǎn　pǎo bù　dǎ pái qiú
拔河　跳远　跑步　打排球

dǎ wǎng qiú　tiào gāo　jiē lì pǎo　dìng diǎn tóu lán
打网球　跳高　接力跑　定点投篮

èr shuō yi shuō
二、说一说

jiǎ rú nǐ shì xué xiào yùn dòng huì de yì míng guǎng bō
假如你是学校运动会的一名广播
yuán qǐng wèi xiàn chǎng de lǎo shī tóng xué men bō bào yì piān
员，请为现场的老师同学们播报一篇
yùn dòng yuán rù chǎng shì jiě shuō ba
运动员入场式解说吧！

kàn yíng miàn zǒu lái de shì yī nián jí yī bān de yùn dòng yuán
看，迎面走来的是一年级一班的运动员。
tā men gè gè jīng shén dǒu sǒu zhāo qì péng bó mài zhe zhěng qí yǒu lì
他们个个精神抖擞，朝气蓬勃，迈着整齐有力
de bù fá zhǎn xiàn chū tuán jié xiàng shàng de fēng mào zài xué xí de zhàn
的步伐，展现出团结向上的风貌。在学习的战
chǎng shang tā men qín fèn kè kǔ yǒng pān gāo fēng zài yùn dòng de sài
场上，他们勤奋刻苦，勇攀高峰；在运动的赛
chǎng shang tā men wán qiáng pīn bó fèn yǒng zhēng xiān jīn tiān tā men
场上，他们顽强拼搏，奋勇争先。今天，他们

jiāng yòng hàn shuǐ shū xiě shèng lì de piān zhāng, yòng jī qíng diǎn rán qīng chūn de
将用汗水书写胜利的篇章，用激情点燃青春的
mèng xiǎng。 jiā yóu, yī nián jí yī bān, nǐ men shì zuì bàng de!
梦想。加油，一年级一班，你们是最棒的！

sān、jiǎng yi jiǎng
三、讲一讲

nǐ cān jiā guò yùn dòng huì ma?
你参加过运动会吗？
kě yǐ gěi dà jiā jiǎng jiang zài yùn dòng huì zhōng gěi nǐ liú xià shēn kè yìn xiàng de yí jiàn shì ma?
可以给大家讲讲在运动会中给你留下深刻印象的一件事吗？

运动后不能做的事

第一，不能立即休息。

剧烈运动后人的心跳会加快，肌肉、毛细血管扩张，血液流动加快，同时肌肉有节律性地收缩会挤压小静脉，促使血液很快地流回心脏，可能导致血压降低，出现脑部暂时性缺血，引起心慌气短、头昏眼花、面色苍白等症状。所以剧烈运动后，要做一些小运动量的动作，使呼吸和心跳基本正常后再停下来休息。

第二，不要暴饮止渴。

剧烈运动后会感到口渴，如果暴饮凉开水或其他饮料，就会加重肠胃负担。喝水速度太快也会使血容量增加过快，从而加重心脏的负担，引起体内钾、钠等电解质发生一时性紊乱，甚至出现心力衰竭、胸闷腹胀等症状。

学习评价

学习目标	学习评价
语音基础	☆☆☆☆☆
语言表达	☆☆☆☆☆
思维逻辑	☆☆☆☆☆
综合展示	☆☆☆☆☆

美育小课堂六　体育美

一、美育知识

为什么要运动？这是我听过最好的答案：

运动时流的每一滴汗，都不会辜负未来的你。

运动是不会让人后悔的投资，当你开始爱上运动，健康也会爱上你。

运动所能带给一个人最直观的改变，就是越来越健康，越来越有活力。养成运动的习惯，保持运动的状态，身体自然会给你最好的反馈。一个健康的身体，就是我们应对生活的底气。

（摘编自《人民日报》）

二、美育实践

（一）体育小常识

为什么羽毛球是全身运动？

打羽毛球需要在场上不停地进行脚步移动、跳跃、转体、挥拍，结合各种击球技法和步法在场上往返对击，调动了身体的各个部位，加快了血液循环，增强了呼吸系统的功能。

为什么体操运动员要往手上抹白粉末?

在手上涂抹白色粉末可以增加体操器械接触表面的摩擦力，还能迅速吸收汗液，减少手脚出汗或器械湿滑导致的运动事故。

（二）户外实践

运动场上的小小记者

请在运动会上采访比赛选手、裁判老师、现场观众等。

后 记

《青少年语言艺术教程·基础篇》以“美育浸润”为核心理念与指导思想，深入挖掘不同场景中的“美育”元素，包括“艺术美”“自然美”“社会美”“科学美”“行为美”“体育美”等。本教材从不同的维度提升学龄前儿童的语言表达能力。此外，教材还通过多样化的训练方式，不仅注重提高学生的思维敏捷性、观察敏锐度和动手实践能力，还致力于激发小朋友们的表达欲望，为未来的语言艺术创作奠定坚实基础。

本教材体例包括“课前阅读”“基础训练”“实践训练”“拓展阅读”四大板块。课前阅读致力于普及基本常识；基础训练通过儿歌、绕口令等内容，强化语音发声基础；实践训练通过古诗词、儿歌、经典文学选段、命题说话等形式，系统性地提升学生的语言表达能力；拓展阅读针对课程中的关键知识点进行补充、介绍，丰富学生的知识结构。本教材不仅是一本专为学龄段儿童设计的语言表达训练教程，还可以作为科普读物，拓宽学生不同领域的知识视野，启迪他们的审美力与创造力。

本教材由四川师范大学影视与传媒学院王博担任主编，负责拟定教材提纲、编写体例和修改定稿；成都文理学院传媒与演艺学院王纯雪、四川广播电视台妇女儿童频道总监潘涛担任副主编，负责撰稿、整合内容和统稿。

在本教材的编写过程中，四川传媒学院有声语言艺术学院教师张国轩，四川师范大学影视与传媒学院播音与主持艺术方向研究生范慧媛、冯庆宇负责材料收集和校对等工作，感谢他们的辛勤付出。

特别感谢四川师范大学影视与传媒学院造型艺术方向研究生游卓、李佩珏、侯依伶、徐海惠，数字媒体艺术专业本科生陈佳雪、代靖雯、冯琳炎为本教材提供插图设计。

本教材还邀请了来自四川广播电视台等单位的业界主持人担任录音示范，感谢郭津、李丹、李钦玥、刘亚琼、罗钰萱、孙雯洁、童米、王甲峰、徐开心等老师的辛勤付出。

为了让本教材与少儿语言艺术实践全方位接轨，加之此年龄段儿童学习的特殊性，在教材撰写初期，我们充分听取了学界和业界专家学者的意见，多次对本教材的思路、提纲、内容进行重构。教材编委会多次召开研讨会，对教材的实用性、普及性与创新性进行研讨，最终确定了本教材的编写体例及内容设置。

本教材经典案例与训练材料的选择兼顾了实用性、针对性、时代性等特点，这些材料来源于经典文学作品、优秀节目播出稿。这些作品为本教材教学案例的多元性和丰富性提供了高质量素材，我们尽可能地标注了出处，部分因为条件限制未能说明，还望作者体谅，同时也向本教材中引用的原作者及单位表示感谢。

由于时间仓促，再加上水平的限制，书中有许多不足之处，恳请各位专家、老师和家长批评指正，以便今后继续修订和完善。

王纯雪　潘　涛

2025年3月